Bank Transaction fees

交易手续费

揭开银行高额手续费黑洞

bank 为刀俎 客为鱼肉

陈 涛 李浩辉◎著

北京日报报业集团
同心出版社

图书在版编目（CIP）数据

交易手续费 / 陈涛，李浩辉著．-- 北京 ：同心出版社，2012.2
ISBN 978-7-5477-0440-0

Ⅰ．①交… Ⅱ．①陈… ②李… Ⅲ．①信用卡－基本知识－中国 Ⅳ．①F832.46

中国版本图书馆 CIP 数据核字（2012）第 024587 号

交易手续费

出版发行：同心出版社
地　　址：北京市东城区东单三条 8-16 号东方广场东配楼四层
邮　　编：100005
电　　话：发行部：（010）65255876
　　　　　总编室：（010）65252135-8043
网　　址：www.bjd.com.cn/txcbs/
印　　刷：三河市杨庄第七印刷厂
经　　销：各地新华书店
版　　次：2012 年 02 月第 1 版　2012 年 02 月第 1 次印刷
开　　本：710 毫米 ×1000 毫米　1/16
印　　张：13
字　　数：170 千字
印　　数：5000
定　　价：26.00 元

目录
Contents

第一章

一场与银行的博弈

店大欺客——“bank”为刀俎，客为鱼肉

小丽通过农业银行的网上银行往招商银行打了一笔钱。操作之前，她查了相关规定：个人网上银行同城跨行转账手续费每笔 3 元，2-3 天到账。小丽认为 3 元的手续费合情合理，于是进行了转账操作。但她回头一查，自己的账户居然被扣掉了 33 元的手续费。

满腹疑惑的小丽拨通农行的服务电话，却得到了这样的答复，“那是总行的规定，我们只执行分行的决定。”

小丽生气地问：“为什么不改标准？为什么大家都不知道？为什么操作的时候没有提示？”对方却说：“我们分行向总行提出过公示申请，但总行没有同意，因此我们只在农行营业厅内公示。”

小丽说：“也没有看到营业厅的公示啊？”对方答道：“2009 年 11 月公示的。”小丽接着问：“我们办理了网上银行，谁闲着没事往营业厅跑啊？这不等于没有公示吗？”

电话那边没有了声音。

银行是一种服务行业，但是我们作为客户，很少能感觉到自己“被服务”了。

在发达国家，商业银行的主要收入来自于金融服务等业务，这些收入占

银行收入总额的一半以上，存贷业务的利润仅占总利润的两成左右。相反地，我国银行的主营业务却是存贷，它们靠海量的收费项目“发家致富”。老百姓作为银行的债主，拿着微乎其微的利息回报，却要忍受“银老大”傲慢的服务态度，最惨的是还要被各种收费项目折磨。没办法，谁让您投胎的时候选择“困难”模式，非要来到这个时代——一个躲不开银行的时代。

含着“金钥匙”出生的银行，巧立名目收费不是一天两天了，而且颇有“水涨船高”的气势。银行收费项目越来越多，收费标准越来越高，很多人对银行颇有微词。

根据全球市场信息服务公司 J.D.Power 亚太公司 2011 年公布的中国零售银行客户满意度研究显示，普通民众和中小企业客户对零售银行的总体满意度从 2010 年的 693 分下降至 685 分 (1000 分制)。导致满意度下降的主要原因是银行在过去一年内新增多项服务收费，其中包括跨行 ATM 交易费和账户维护费。银行收费项目增多使客户心生不满，满意度自然也随之下降。

1. 巧立名目，雁过拔毛的乱收费

2011 年 7 月 12 日，中国银监会和中国银行业协会联合举行发布会称，中国银行业服务项目共计 1076 项，其中 226 项免费，占比 21%；收费项目 850 项，占比 79%。琳琅满目的收费项目令人眼花缭乱，应接不暇。只有您想不到的费用，没有银行不想收的费用。

尽管有监管部门出面叫停，各种不合理收费仍大行其道——银行的乱收费项目就像韭菜一样，越割越多。银行不但收得多，而且收得贵。简单算一算就知道：以一名普通大学生为例，一张银行卡每年要收多少钱?

小陈是在北京上学的外地孩子，开学第一天，他去某银行营业厅办理借记卡。“开户需要预存 10 元钱。”填好开户申请后，柜台工作人员告诉小陈。她同时还说“需要扣除 5 元的借记卡工本费。”

小陈是外地孩子，因此特别关心异地存取款的收费情况。当他被告知跨行存取款，每笔收费 5 元；同行异地存取款或者电汇，手续费最低为交易金额的1%；异地跨行取款或者电汇，每笔收取10元手续费等相关信息后，小陈显得有些失望。此外，作为学生的小陈，卡里的资金余额往往很少，如果他的账户日均余额小于300元，将会被银行收取每季3元的小额账户管理费！对了，还有年费10元！如果银行卡遗失了，还需要另外交纳10元挂失费，外加3元工本费！

小陈离开银行营业厅的时候，在心里默默地算了一笔账：学费每年6000元，生活费10000元。每年父母从老家分3到5次给自己汇款，自己在北京分5次左右提款，那么他一年里和银行交易的保守成本是：开户及年费13元；学费和生活费跨地区存取和汇款160元，共计173元。既然是保守成本，也就没有算上意外的挂失费、偶尔的跨行取款费和潜在的小额账户管理费了。小陈想，这笔钱够他买一辆自行车了。

除了这些听上去还算靠谱的收费以外，有些项目的手续费则高得足以亮瞎我们的双眼！顾客贪一时之便宜，省去了利息，却需要交纳高额的手续费，真是得不偿失。

小李与妻子刚刚结婚，两人计划年末去欧洲旅游，然而24000元的参团费让并不富裕的小李颇有压力。小李的妻子从银行客户经理处了解到，他们可以利用信用卡分期还款。也就是说，小李夫妇两年内每个月只需要还1000元，就可以实现年底出国旅游的愿望。但是他们很快发现每月还款的金额不是1000元，而是1172.8元。还款金额增加的原因在于：信用卡持有人虽然不需要支付分期付款的利息，但享受账单分期和商场分期都需要承担一笔较高的手续费，这笔手续费有多高呢？小李信用卡的发卡行是广发银行，该银行规定：刷卡人如果分24期还款，那么单期还款手续费费率则为17.28%，24期手续费的总和为4147.2元！这几乎相当于小李一个月的工资！小李说这样的收费真是让他此生难忘，心有余悸。

2. 手续费——银行的巨额收入

截止到2011年8月31日，国内16家上市银行公布了2011年的中期业绩报告。报告显示，这16家银行2011年上半年共实现净利润4654.5亿元，同比增长34.3%。其中，手续费及佣金收入为2186.91亿元，几乎占了银行全部利润的半壁江山。如果按照上半年181天计算，16家上市银行平均每天收取手续费及佣金8.28亿元。毫无疑问，高速增长的手续费和佣金收入才是各大银行最重要的揽金法宝。

除中国银行增幅23.56%外，多家银行的手续费及佣金收入都实现了40%以上的增长，其中华夏银行高达90.40%；北京银行紧随其后，增幅达到88.59%；浦发、民生、兴业也不遑多让，增幅也都超过了70%。全球最赚钱的银行——工商银行自然是当仁不让，在其368.89亿元的手续费及佣金净收入中，有61.86亿元属于银行卡手续费，与去年同期相比增长了42%。不过，银行卡手续费增速最快的还属深圳发展银行，该银行7.5亿元的手续费及佣金净收入中有3.38亿元来自于银行卡，同比增幅高达101.55%，堪称最受中国老百姓“拥护”的银行！

尽管银行宣称针对个人业务的手续费收入只占全部手续费收入的20%，然而即便是这样，与国外银行相比，中国的普通老百姓还是交纳了高昂的手续费用。

过去，国内的银行往往羞于同国外的银行，尤其是发达国家的银行比较，因为发达国家的银行主打的是金融服务等高端中间业务，而国内银行却只能集中于存贷业务这样较为低端且过度依赖息差的生存模式。

此次各大银行的中间业务收入纷纷暴增，大有超过息差收入之势。于是，许多“砖家”纷纷向银行投去溢美之词，有的甚至扬言：国内银行的中间业务正在成为银行利润的重要增长极，长期以来靠“吃息差”过活的中国银行业已经开始成功转型，国内银行成为真正的现代化商业银行的那一天已经不远了！

殊不知，英美日韩等发达国家银行对于面向普通客户的许多中间业务均提供免费服务。在英国，跨行取款不收手续费；在美国，银行的大部分客户日常服务也是免费的。国外银行的中间收费业务主要是替公司管理工资和福利、投资理财业务和信托，以及替富裕客户管理资产等。

3. “被收费”和“被涨价”

大千世界，无奇不有。面对银行，我们常常“被收费”，并且时不时地“被涨价”，实在让人防不胜防。

在我们去银行柜台开卡的时候，借记卡年费、短信通知费、小额账户管理费等收费项目往往不被告知，我们在不知情的情况下就为这些并不一定需要的服务买了单。有时候，银行还会口口声声告诉你：我没收啊，我真没收！结果钱还是“飞”了。

“昨天我在第三大街某家银行的 ATM 机上跨行取了 100 元，取款时并没有看到需要交纳手续费的提示，但是银行卡上却少了两元钱。”家住天津的何女士抱怨到，“ATM 机上没有收费提示，打出的小票上手续费一栏显示的也是零元，但是我的存取款提示短信却显示支出为 102 元，银行还是收了 2 元的手续费。”对此，银行工作人员表示：“每台 ATM 机类型不同，系统设置也不一样，所以有的显示，有的不显示。”

好一个“选择性”显示！

根据全球市场信息服务公司 J.D.Power 亚太公司的调查显示，中国零售银行的客户在费用结构变化生效之前被告知的平均比例为 50%，这意味着有一半人在银行提高收费前并不知情，这就是传说中的“被涨价”。

家在北京的张先生去唐山出差，用北京的工商银行卡在唐山取了 1 万元现金，回家后看了凭条，才发现被扣了 100 元手续费。张先生很不解，他经常在外地取现，通常都只收 50 元手续费，什么时候翻倍了？

张先生以为是银行弄错了，第二天一早便去工商银行某营业厅的柜台投诉，银行工作人员很不耐烦地告诉他工商银行已于 2009 年 6 月开始上调 ATM 异地取款等 20 项收费，涨幅为 100%，现在异地取款每笔最低 2 元，最高100元。

张先生既愤怒又无奈，虽然50元并不是一笔巨款，但是作为客户，张先生感觉自己没有获得足够的尊重。尤其是他向工行工作人员质疑为什么不事先通知的时候，对方争辩道："这一信息已经在中国工商银行的网站上以公告形式作了披露。"张先生认为并不是每个人都上网，即使上网也不会每天关注银行官方网站，银行应该通过更大的平台披露消息，充分尊重每一位客户。

像张先生这样的例子并不少见，但是大多数人并没有站出来通过法律渠道维护自己作为银行客户的正当权益。有些律师认为消费者拥有了工商银行的牡丹卡，就视同与工商银行签订了一份合同。工商银行如果想涨价，应该事先就此事通过听证会等形式和消费者进行协商，之后才能实施。显然，工商银行的举动已经违背了合同法，侵害了客户的合法权益。

2010年，是属于银行手续费的一年！南京的吴先生对此有切身的体会。南京夏天天气尤为炎热，懒得跑银行的吴先生在一家国有银行网站进行跨行转账操作，向同城另一家银行汇去了2万元。吴先生操作完，发现自己的账户竟被银行扣掉了35元的转账费，这让他大吃一惊，因为以前该行网银转账每笔最高仅收3元钱手续费。

"肯定是银行搞错了。"吴先生心想，随后他马上拨通了该行的客户服务热线。没想到，银行客服人员告诉他："没错，这是4月份调整后的最新收费标准，同城跨行转账的手续费为交易金额的0.5%，最高35元。"

这便是2010年银行手续费攀升战的真实写照，先有工商银行一马当先，其他国有银行旋即快马加鞭地赶上，股份制银行和地方银行也不甘落后，欲与天公试比高。

让我们围观一下战果吧：工商银行同城跨行网银转账费最高已涨至45元，中国银行最高涨至200.5元，建行最高涨至25元，交行最高涨至45元。工、农、中、建四大行还统一了同城跨行和异地跨行的网银转账收费标准，完美地体现了“中国银联”的真正含义。

这年头，没有什么能轻易跑得过 CPI，银行手续费做到了，实属不易！难怪有人戏称：相比为人民服务，银行更多的是为人民币服务。

TIPS

存钱不给利息的钱庄！

古时候，钱庄的赚钱方式和今天的银行差不多，主要靠发放贷款收取利息赚钱，不过早期的钱庄是不给存钱者利息的，相反还要收取保管费。

知己知彼，百战不殆——“敌我”权益要分清

今年九月的一个深夜，小朱突发急性阑尾炎。一个人住的他，只好请求朋友开车把他送到医院。到了医院，小朱被告知需要缴纳3000元的住院押金，随行的人都没带这么多现金，小朱于是把银行卡密码告诉朋友，让他到附近的ATM机上提现。或许是小朱匆忙之下，说错了密码，也可能是朋友太紧张，连续3次密码输入错误，导致银行卡被系统锁定。情况紧急，朋友们纷纷解囊相助，东拼西凑，终于凑齐了3000块钱。

两周后，小朱大病痊愈，出院的第一件事就是去银行申请银行卡解锁。但是让他感到不解的是，申请银行卡密码解锁需要填写挂失单，并且交纳10元手续费。银行卡明明没有丢失，为什么需要填挂失单，虽然小朱很疑惑，但他还是照着银行工作人员的指示，交了10元密码挂失费。

回到家后，小朱仔细研究，发现自己上了银行的当！原来银行私下改换名目，将密码重置费更名为现在的挂失费，继续向持卡人收费。可是钱也交了，挂失单也填了，小朱只好吃下这个闷亏。

假如小朱事先能多关注相关报道，或是仔细了解银行的相关收费规定，就可以不花这笔冤枉钱。所以，在客户与银行的这场没有硝烟的战争中，要想做到百战百胜，一定要知己知彼。只有详细了解银行的收费政策，才能保

障自身权益不受侵害。

1. 被取消的收费项目

2010年6月4日，备受争议的零钞清点费被叫停。各大银行上演的这出闹剧终于在民众强烈的抗议声中落下帷幕。2010年4月份起，农业银行开始向企业和个人征收清点零钞（面值为1元或1元以下的硬币或纸币）的手续费，尔后，各大银行纷纷效仿，向储户不同程度地收取零钞费。

北京市民曹女士于4月某天到农业银行存了300个1元硬币到个人账户上，被银行收取6元手续费。对此，银行的解释是：清点硬币要收费，200个硬币收取5元手续费，每增加100个，加收1元钱。按照标准，如果储户持200枚分币去银行存款，还需要倒贴3元才够支付5元手续费。

合肥市民魏先生的老房子要拆迁，他在收拾家具的时候收集了不少多年攒下来的1角硬币，一共900枚。魏先生带着这些硬币到镇上的几家银行营业网点存款，都被拒绝。终于农业银行同意受理，前提是魏先生需要缴纳12元手续费。“他们给我看了收费的文件，可我还是搞不懂，客户存钱，银行数钱不是应该的么？”魏先生说。

调查显示，超过9成民众反对银行收取零钞费。中国银监会和国家发改委勒令所有商业银行停止征收零钞清点费，但乱收费现象仍然存在。

2011年3月14日，中国银监会、中国人民银行、国家发改委再次联合下发《关于银行业金融机构免除部分服务收费的通知》，要求各银行自2011年7月1日起免除人民币个人账户的11类34项服务收费（附录1）。

乍看之下，似乎银行在监管部门的“监管”下，终于肯免单了！然而明眼人一看就知道，这其中的猫腻多多。事实上，这34项中的20多项服务，原本就不收费或者早已停收。

同城本行存款、取款和转账，境内本行查询服务，多数银行本就不收费，签约开办的具有代发工资、退休金、低保、医保、失业保险、住房公积金等功能的账户，银行也不收取年费和账户管理费。而对于像小额账户管理、跨行转账、ATM机跨行取款这样一些关注度较高收费也高的服务项目，银行却毫无免费之意。原本让人欢欣鼓舞的免费项目其实只是食之无肉，弃之有味的鸡肋。

“免单”优惠还未启动，一些原本免费的项目又死灰复燃。自2011年6月起，光大银行加入了“短信提醒”的收费大军，按照3元/月收取“个人短信通”服务费；招商银行减少原本每月3次的ATM免费跨行取款至1次，ATM跨行取款每笔收费2元；兴业银行对3个月内账户日均余额小于300元的人民币个人活期存款账户，按3元/季度的标准收取小额账户管理费。

2. “坑爹”的收费项目大盘点

虽然，银行的34项收费被叫停，但是剩余的各种收费仍然多如牛毛，让人眼花缭乱。接下来就让我们来盘点一下，与百姓生活息息相关的银行收费项目。

最无奈的收费——年费

大多数银行卡均收取年费，其中又以信用卡的年费为高，不同种类的信用卡的年费各不相同，需查询银行的相关规定或协议条款。针对某些特殊客户，银行也可能免除年费。普通借记卡的年费一般为10元，有代发工资、公积金则等功能的卡片，银行不收取年费。

相比大银行，中小银行发行的借记卡大多执行免收年费政策，值得推荐的有民生银行的民生借记卡、广大银行的阳光卡、广东发展银行的广发借记卡。

表1.1 部分商业银行借记卡年费标准

发卡银行	卡片名称	年费	银行名称	银行卡名称	年费
中国银行	长城电子借记卡	10.00元	上海银行	申卡借记卡	免费

续表

发卡银行	卡片名称	年费	银行名称	银行卡名称	年费
工商银行	牡丹灵通卡	10.00 元	广东发展银行	广发借记卡	免费
建设银行	龙卡储蓄卡	10.00 元	深圳发展银行	深发借记卡	免费
农业银行	金穗借记卡	10.00 元	华夏银行	华夏卡	免费
交通银行	太平洋借记卡	10.00 元	中信银行	中信理财宝普卡	免费
招商银行	一卡通	60.00 元	恒丰银行	九州卡	免费
民生银行	民生借记卡	免费	光大银行	阳光卡	免费
浦发银行	东方借记卡	免费	兴业银行	兴业借记卡	免费

表 1.2　部分商业银行信用卡年费标准

发卡银行	卡片名称	年费
工商银行	牡丹国际信用卡（双币）	普通卡：主卡 100.00 元，副卡 50.00 元； 金　卡：主卡 200.00 元，副卡 100.00 元
工商银行	牡丹贷记卡（人民币）	普通卡：主卡 50.00 元，副卡 25.00 元； 金　卡：主卡 100.00 元，副卡 50.00 元
工商银行	牡丹信用卡（人民币）	普通卡：主卡 25.00 元，副卡 12.5.00 元； 金　卡：主卡 50.00 元，副卡 25.00 元。
农业银行	金穗信用卡（准贷记卡）	普通卡：20.00 元； 金　卡：80.00 元
中国银行	中银信用卡（双币）	金　卡：主卡 200.00 元，附属卡 100.00 元； 银　卡：主卡 100.00 元，附属卡 50.00 元； 照片卡：在上述年费标准的基础上加收 50.00 元
建设银行	中银长城人民币卡	普通卡：20.00 元，照片普通卡：60.00 元； 金　卡：100.00 元，照片金卡：120.00 元
建设银行	龙卡贷记卡（双币）	普通卡：60.00 元，金　卡：100.00 元
建设银行	龙卡贷记卡（人民币）	普通卡：60.00 元，金　卡：100.00 元

续表

发卡银行	卡片名称	年费
招商银行	招商银行信用卡（双币）	普通卡主卡：100.00 元，VISA MINI 信用卡主卡 150.00 元。再办一主卡年费减半，附属卡年费为所属主卡的一半，金卡主卡：300.00 元，
交通银行	太平洋贷记卡（人民币）	普通卡：主卡 80.00 元，附属卡 40.00 元； 金　卡：主卡 120.00 元，附属卡 60.00 元
浦发银行	浦发信用卡（双币）	普通卡：主卡 180.00 元，附卡 90.00 元； 金　卡：主卡 360.00 元，附卡 180.00 元
兴业银行	兴业银行信用卡（双币）	普通卡：主卡 100.00 元，副卡 50.00 元； 金　卡：主卡 200.00 元，副卡 100.00 元

信用卡的选择比较困难，持卡人不能单单考虑年费的高低，还应该综合考虑卡片的信用额度、免息还款期、积分优惠政策和贵宾服务内容等各项指标。后面我们会详细介绍如何选择一张得心应手的信用卡。

最常见的收费——转帐、汇款、取款手续费

小沈高三毕业，很顺利地被北京某大学录取。开学前几天，小沈收到了一个大大的邮包，里面除了《录取通知书》外，还有一本厚厚的《入学须知》，通知要求新生在 8 月 31 日前将学杂费划拨到随通知书寄达的银行卡上，银行随后从银行卡里扣取费用，并将扣费成功的凭据提供给学校，学校按照凭据为新生注册。

这可把小沈一家难住了，学费的金额不小，通过哪种方式转账比较划算呢，是柜台、ATM 机、网上银行，还是手机银行？

据笔者了解，不同银行针对不同的转账方式收取金额不等的手续费，即使同一家银行，本地转账和异地转账的收费不尽相同，电子渠道与柜台转账手续费也大相径庭。

表 1.3　部分商业银行异地存、取款收费标准

银行名称	异地柜台存款手续费	异地柜台取款手续费
中国银行	按存款金额的 1% 收取，最低 1.00 元，最高 50.00 元。	按取款金额的 1% 收取，最低 10.00 元，最高 50.00 元。
工商银行	按存款金额的 1% 收取，最低 2.00 元，最高 100.00 元。（理财金帐户用户半价）	按取款金额的 1% 收取，最低 2.00 元，最高 100.00 元。（理财金帐户用户半价）
建设银行	按存款金额的 0.5% 收取，最低 2.00 元，最高 50.00 元。	按取款金额的 0.5% 收取，最低 2.00 元，最高不设限。
农业银行	按存款金额的 1% 收取，最低 1.00 元，最高 50.00 元。	按取款金额的 1% 收取，最低 1.00 元，最高 50.00 元。
交通银行	按存款金额的 0.4% 收取，最低 1.00 元，最高 50.00 元。	按取款金额的 1% 收取，最低 1.00 元，最高 100.00 元。
招商银行	按存款金额的 0.5% 收取，最低 5.00 元，最高不设限。	按取款金额的 0.5% 收取，最低 5.00 元，最高不设限。
民生银行	按存款金额的 0.3% 收取，最低 5.00 元，最高 50.00 元。	按取款金额的 0.3% 收取，最低 5.00 元，最高 50.00 元。
浦发银行	交易金额的 0.5% 收取，最低 2.00 元，最高 50.00 元。	按交易金额的 0.5% 收取，最低 5.00 元，最高 50.00 元。
兴业银行	按金额的 0.1% 收取，最低 1.00 元，最高 20.00 元	按金额的 0.3% 收取，最低 1.00 元，最高 50.00 元。
光大银行	按金额的 0.5% 收取，最低 2.00 元，最高 20.00 元。	按金额的 0.5% 收取，最低 2.00 元，最高 20.00 元。
上海银行	免费	5.00 元
广东发展银行	按金额的 0.5% 收取，最低 1.00 元，最高 20.00 元。	每月头三笔取款免费，第四笔起每笔收费 3.00 元。
深圳发展银行	按金额的 0.5% 收取，最低 5.00 元，最高 50.00 元。	按金额的 0.5% 收取，最低 5.00 元，最高 50.00 元。
华夏银行	按金额的 1‰收取，最低 1.00 元，最高 10.00 元。	按取现金额的 0.5% 收取，不足 1.00 元按 1.00 元收取。

从上表我们看到，各行异地存取款收费“尺度”不一。在不同银行取 1 万元现金，手续费最高竟然相差百元。每家银行的收费标准与其自身的市场定位、竞争模式有密切的联系，消费者乐观银行竞争，这样才能“渔翁得利”。

表 1.4　部分商业银行 ATM 机取款手续费标准

银行名称	本行同城取款	本行异地取款	同城跨行取款	异地跨行取款
中国银行	免费	10.00 元	4.00 元	12.00 元
工商银行	免费	最低 1 元，最高 50.00 元	4.00 元	最低 3.00 元，最高 52.00 元
建设银行	免费	最低 2.00 元，最高不设限	4.00 元	最低 4.00 元，最高不设限
农业银行	免费	最低 1.00 元，最高 100.00 元	4.00 元	最低 3.00 元，最高 102.00 元
交通银行	免费	最低 2.00 元，最高不设限	2.00 元	最低 5.00 元，最高不设限
招商银行	免费	最低 5.00 元，最高不设限	2.00 元	最低 7.00 元，最高不设限
民生银行	免费	5.00 元	免费	5.00 元
浦发银行	免费	最低 3.00 元，最高 50.00 元	2.00 元	最低 5.00 元，最高不设限
兴业银行	免费	免费	2.00 元	2.00 元
光大银行	免费	最低 5.00 元，最高 10.00 元	免费	最低 5.00 元，最高 10.00 元
上海银行	免费	最低 2.00 元，最高 50.00 元	免费	最低 3.00 元，最高 52.00 元
广东发展银行	免费	免费	2.00 元	2.00 元
深圳发展银行	免费	最低 1.00 元，最高 50.00 元	2.00 元	最低 3.00 元，最高 52.00 元
华夏银行	免费	免费	每月前 3 笔免费，第 2 笔起 2.00 元 / 笔。	每月前 3 笔免费，第 2 笔起 2.00 元 / 笔。

经常出差的消费者，选择一张跨行与异地取款手续费均比较低的银行卡，十分有必要。兴业银行执行的收费标准最有利于消费者，无论是本地还是异地，同行取款都不收取手续费，跨行取款手续费每笔 2 元，相对于那些手续

费上限高达 50 元甚至 100 元的银行卡来说，兴业银行无疑是最优之选。

表 1.5　部分商业银行异地汇款收费标准

银行名称	省内异地汇款	省外异地汇款
中国银行	现金：每笔按交易金额的 0.5% 收取，最低 2.00 元，最高 50.00 元。 账户：按每笔交易金额的 0.5% 收取，最低 2.00 元，最高 50.00 元	现金：按交易金额 1% 收取，最低 1.00 元，最高 50.00 元。
工商银行	柜台：按交易金额的 0.5% 收取，最低 1.00 元，最高 50.00 元。 电话银行和和网上银行汇款统一按 1% 收取，最高 50.00 元。其中网上银行可打 9 折。	按交易金额的 1% 收取，最低 1.00 元，最高限额为 50.00 元。
建设银行	柜台：按交易金额的 0.5% 收取，最低 1.00 元，最高 50.00 元 ATM 机：按交易金额的 0.5% 收取，最低 1.00 元最高 10.00 元 网银：按交易金额的 0.25% 收取，最低 2.00 元，最高 25.00 元	按交易金额的 0.5% 收取，最低 2.00 元，最高 50.00 元。
农业银行	柜台 / 取款机：按交易金额的 0.5% 收取，最低 1.00 元，最高 50.00 元。 网上银行：按交易金额的 0.4% 收取，最低 1.00 元，最高 20.00 元。 缴费机：不收费，但是厦门地区不能转账。	1. 柜台 / 取款机：按交易金额的 0.5% 收取，最低 1.00 元，最高 50.00 元。 2. 网上银行：按交易金额的 0.4% 收取，最低 1.00 元， 最高 20.00 元。 3. 缴费机：不收费，但是厦门地区不能转账。
交通银行	柜台：按交易金额的 0.4% 收取，最低 1.00 元，最高 50.00 元。 网上银行：按交易金额的 1.5‰收取，最高 50.00 元。 ATM 等自助设备：按交易金额的 2‰收取，最高 50.00 元。	省内省外统一收费标准
招商银行	柜台：按交易金额的 0.5% 收取，最低 5.00 元。 网上银行：A、快速汇款：按交易金额的 0.2% 收取，最低 5.00 元，最高 50.00 元；B 普通汇款：按交易金额的 1% 收取，最低 10.00 元，最高 50.00 元；C 异地他行：按交易金额的 1% 收取，最低 10.00 元，最高 50.00 元	省内省外统一收费标准
民生银行	柜台现金汇款按交易金额的 1% 收取，最低 1.00 元，最高 50.00 元。 卡卡转账汇款按交易金额的 0.3% 收取，最低 5.00 元，最高 50.00 元。 网上银行汇款按交易金额的 0.1% 收取，最低 1.00 元，最高 50.00 元。	省内省外统一收费标准

续表

银行名称	省内异地汇款	省外异地汇款
兴业银行	现金：免费 转账：免费	1. 现金柜台汇款：按交易金额的 0.1% 收取，最高不超过 20.00 元。2. 转账方式汇款，柜台、电话、网上银行均免费
光大银行	1. 异地汇款，有结算账户的：金额 1 万元以下，每笔约为 5.00 元；1 万元—10 万元，每笔约为 10.00 元；10 万元—50 万元，每笔约为 15.00 元；50 万元～100 万元，每笔约为 20.00 元；100 万元以上，按万分之二收取，最高为 200.00 元。 2. 异地汇款，无结算账户的：按 1% 收取，最低 1.00 元，最高 50.00 元。 3. 网上银行异地汇款手续费标准为交易金额的 5%，最低 5.00 元，最高 50.00 元。	省内省外统一收费标准
中信银行	按交易金额的 5‰收取，最高 20.00 元。其中网上银行为 2%，最低 10.00 元，最高 50.00 元。	省内省外统一收费标准

对比各银行的异地汇款收费标准，中小银行再次战胜了大银行。例如，无论是现金汇款，还是电子转账，兴业银行都免收手续费。这对有孩子在外地上学的家庭，或是时常需要给供货商转账的小企业老板们来说，十分具有吸引力。

最嫌贫爱富的收费——小额账户管理费

小张在清理家中杂物时，意外地发现了一张银行卡。小张兴冲冲地来到银行查询，果真卡内还有 210 元。还不待小张的高兴缓过劲儿，就被银行卡的对账单弄得火冒三丈。

原来，小张 5 年前办理这张银行卡时，向卡内存入了 300 元。他的账户因为金额低于 500 元，被银行认定为小额账户，每季度被扣除 3 元小额账户管理费，加上每年的年费，原来的 300 元被扣得只剩下一半多而已。

针对日均余额低于一定金额的账户，银行会收取一定数额的账户管理费。

表 1.6　部分商业银行小额账户管理费收费标准

银行名称	收费标准
中国工商银行	低于 300.00 元收小额账户管理费 3.00 元 / 季度
中国农业银行	低于 500.00 元收小额账户管理费 3.00 元 / 季度
中国交通银行	低于 500.00 元收小额账户管理费 3.00 元 / 季度
中国银行	低于 500.00 元收小额账户管理费 3.00 元 / 季度
兴业银行	开户满 3 个月，且 3 个月内日均余额小于 300.00 元（含）的人民币个人活期存款账户收取 3.00 元 / 季，3 个月内日均余额大于 300.00 元的账户不收费。
中国建设银行	低于 500.00 元收小额账户管理费 3.00 元 / 季度，且此类账户以年利率 0.01% 计利息
招商银行	日均存款余额低于 10000.00 元收小额账户管理费 1.00 元 / 月

“趁火打劫”的收费——挂失手续费

密码重置费包括在 2011 年 7 月 1 日起被免除的 34 项收费中，但多家银行将密码重置费更名为挂失费继续收费。无论是卡片挂失，还是密码挂失，银行都会收取 10 元到 50 元不等的手续费。

最“体贴”的收费——短信提醒费

银行卡开通短信提醒业务，用户可在第一时间了解账户的变动情况。该项业务不仅为理财提供方便，也在一定程度上提高了账户的安全性，但是开通这项业务需要缴纳手续费。

表 1.7　部分商业银行短信提醒费收费标准

银行名称	借记卡	信用卡
中国农业银行	免费	免费
中国交通银行	免费	免费

续表

银行名称	借记卡	信用卡
中国建设银行	借记卡 2.00 元 / 月	小额提醒业务 3.00 元 / 月，单笔消费 500.00 元以上可免费通知
中国工商银行	2.00 元 / 月	免费
招商银行	免费	刷卡额 100.00 元以上给予免费提醒，不足 100.00 元不提醒

最具“时间价值”的收费——账单打印费

客户打印账单需要向银行缴纳手续费，账单时间越久远，收费就越贵，打印三年前的账单需要交纳高达 100 元的手续费。

最莫名其妙的收费——销户费

为抑制客户开立过多的账户，减少资源的浪费，有些城市的银行向储户收取销户费。例如厦门市某商业银行规定：异地销卡，若借记卡里没有余额，收取 5 元销户费；若借记卡里还有余额，余额的千分之五为销户费。

用银行的卡要交钱，不用银行的卡也要交钱，这销户费收得真是有点莫名其妙。

最无解的收费——换折费

存折有破损，不能继续使用，或登满页后需要更换，换折费每本 3 元。存折登满后必须交钱，这个收费让人想逃都逃不掉。

银行的收费项目真可谓是“灿若星河”。相关统计数据显示，2003 年我国银行的服务项目仅 300 多种，发展至今，仅仅 8 年时间，服务项目已超过 3000 种。

TIPS

英国：普通客户乐享免费

在英国，银行面向普通客户发放常规借记卡时不收工本费，也不收手续费和年费，而且用户申办借记卡的手续非常简便，只要到银行开立账户，便会免费获得一张借记卡，同时还可以享受免费的支票簿和存款凭证簿。持卡人向英国任何一家银行转账都无须缴纳手续费，邮寄支票也被囊括在免费项目中。

道高一尺，魔高一丈——不花冤枉钱

随着多家银行上调服务费及手续费，一年下来，因为开卡费、年费、挂失费、跨行转账手续费以及部分银行征收的小额账户管理费等，钱包里林林总总的借记卡、信用卡让持卡人花去了一笔不小的开支。在“被收费”的时代下，我们该如何节省这笔费用呢?

1. 树立省钱观念最重要

ATM 同城跨行手续费每笔 4 元，信用卡取现日息为取款金额的万分之五，你是否觉得银行的收费其实微不足道，仅仅几元钱而已。

那么让我们来看看一些本可享受奢华生活的高端人士的做法吧！骆家辉坐着经济舱来到中国，李嘉诚还要趴在车底拣 5 分钱硬币。我们还有什么理由，拿着辛苦挣来的钱，随便打赏银行！如果你还坚持认为这是沧海一粟的小钱，那我们来看看下面两个媒体报道过的活生生的例子。

“要不是偶然在网上查询明细，我根本想不到，前一阵子连续几天在异地同行的 ATM 上取了十万多块，总共扣了我一千多元的手续费。这钱扣得太冤了，也太离谱了。”

持卡人刘刚（化名）致电笔者，讲述了他通过 ATM 机异地取款导致千余元“蒸发”的经历。

原来，数月前，广东人刘刚持在深圳办理的建行卡，在建设银行中山市古镇支行ATM机进行异地同行取现2万元，该支行ATM机最大输入金额为5000元，刘刚按照提示，分4次取款，结果被银行扣了一千多元手续费。

——东方网2010年7月30日

“3年前在建行存了500元，现在去取，没想到账户上只剩下382.98元。”存在银行的钱不但没捞到利息，还贴了本钱，这让市民李女士怎么也想不通。昨日，银行工作人员告知李女士，被扣除的117.02元为三年的小额账户管理费、短信通知费以及年费。

——《潇湘晨报》2011年3月14日

这些触目惊心的真实案例还不具备说服力吗？所以千万不要小看几块钱的服务费，更不要漠视百分之零点几的手续费，如果对这些零散的小额收费漠不关心，它们定会聚沙成塔、集腋成裘，让你损失惨重。

树立省钱意识至关重要，开源节流是理财的制胜法宝。省钱并不是让你变成一个守财奴，锱铢必较，一毛不拔，更不是不再去心爱的餐厅吃饭，不再逛街、去电影院，不能和朋友在酒吧谈天说地……而是在保证生活品质的同时捂紧我们的口袋。

2. 小便宜沾不得——小心银行的障眼法

当你享受从天而降的馅饼的时候，请提醒自己，世上没有免费的午餐。

银行工作人员喜欢在办理业务时“顺便”向顾客推介一些服务项目，这些项目在试用期免费，一旦过了试用期，客户就会被收费。有些储户因贪享试用期的免费服务，不得不承受后期高额的收费，真是得不偿失。

有些收费经过层层包装，光鲜亮丽地呈现在客户面前，消费者难以识别，很容易花了钱，却上了银行的当。毕竟，我们不是炼丹炉淬炼过的孙悟空，哪能轻易辨认出这其中的猫腻。最常见的收费陷阱往往隐藏在使用信用卡的过程中，持卡人很可能一不留神就花了冤枉钱。

防止掉入收费陷阱的最好办法就是详细阅读服务条款，然后再谨慎地签上自己的大名。持卡人一旦签署服务条款，就意味着与银行就协商事项达成认可，文件产生法律效力。因此消费者一定要仔细阅读条款，谨慎签字，别被银行的口头承诺所迷惑。

服务条款包括服务的定义和解释、银行的权利和义务、客户的权利和义务、收费标准、终止服务的情况、信息披露及监管法律和司法权等。普通消费者应该着重关注双方的权利、义务，看清收费的期限、方式以及费率，明确提供服务的具体内容，保证自己的利益不受伤害，同时也应该注意自身的义务，防止违约情况的出现。

3. 选择银行有窍门

中国银行业除了四大银行，还有几十家股份制银行、上百家地方商业银行、上千家村镇银行和一大批外资银行。如何从上千家银行中挑选出性价比高的，需要花费很多心思。

根据银行业协会提供的数据，大型商业银行 2010 年有偿服务的产品和项目共有 662 个，较 2003 年增加了 338 项，7 年来增长 104%；股份制商业银行 2010 年有偿服务的产品和项目共 354 个，与 2003 年相比，仅增长了 55%。大银行和中小银行之间的差距越拉越大。

以转账为例，北京银行同行转账最划算，不收取手续费。华夏银行异地同行转账手续费为转账金额的 0.2%，每笔收费最低 1 元，最高收费 10 元，收费处在“廉价”范围内。

此外，中小银行为了争夺市场份额，通过更低廉的收费和更优质的服务吸引顾客。中小银行往往会降低短信提醒费、信用承诺费、小额账户管理费等，甚至推出免费服务，以吸取更多的客户。

表 1.8　不收取开户工本费的银行卡汇总

民生银行	民生银联借记卡、民生贵宾金卡、民生贵宾银卡、民生贵宾钻石卡、民生国际美元卡、民生国际欧元卡、民生国际澳元卡
北京银行	京卡借记卡
上海浦发银行	东方借记卡、浦发轻松理财卡
北京农商行	北京农商行凤凰卡、北京农商行凤凰旅游卡、北京农商行惠学卡、北京农商行惠农卡、北京农商行惠民卡
杭州银行	杭州银行西湖借记卡
华夏银行	华夏银卡、华夏金卡
邮政储蓄银行	绿卡、绿卡通、绿卡贵宾金卡、淘宝绿卡、绿卡腾讯 QQ 联名卡、绿卡生肖卡
招商银行	招行一卡通·靓卡、招行一卡通金卡、招行一卡通、招行金葵花 VISA 卡、招行 QQ 一卡通、招行金葵花 MaterCard 卡
光大银行	阳光借记卡
兴业银行	自然人生家庭理财卡
中信银行	中信理财宝普卡、中信理财宝金卡、中信理财宝白金卡
深圳发展银行	发展借记卡
东亚银行	显卓理财白金卡
渣打银行	渣打智通借记卡、渣打“天骄少年”借记卡
工商银行	牡丹国际 VISA 卡、牡丹国际万事达卡、牡丹理财金账户卡
农业银行	金穗白金卡、金穗金卡
东亚银行	东亚紫荆卡、显卓理财金卡、显卓理财白金卡

除工本费外，持卡人认为必须缴纳的年费，其实也能省下来。经笔者发现，共有 17 家银行 39 种储蓄卡不收取年费。

表 1.9 不收年费的银行卡汇总

银行	银行卡
民生银行	民生银联借记卡、民生贵宾金卡、民生贵宾银卡、民生贵宾钻石卡、民生国际美元卡、民生国际欧元卡、民生国际澳元卡
兴业银行	自然人生家庭理财卡
上海银行	申卡借记卡
北京银行	京卡借记卡
中信银行	中信理财宝普卡、金卡、白金卡
深圳发展银行	发展借记卡
招商银行	招行一卡通·靓卡、招行一卡通金卡、招行一卡通、招行金葵花 VISA 卡、招行 QQ 一卡通、招行金葵花 MaterCard 卡
东亚银行	显卓理财白金卡
渣打银行	渣打智通借记卡、渣打“天骄少年”借记卡
上海浦发银行	东方借记卡、浦发轻松理财卡
光大银行	阳光借记卡
北京农商行	北京农商行凤凰卡、北京农商行凤凰旅游卡、北京农商行惠学卡、北京农商行惠农卡、北京农商行惠民卡
工商银行	牡丹理财金账户卡
广发银行	广发理财通卡
杭州银行	杭州银行西湖借记卡
农业银行	金穗金卡、金穗白金卡
华夏银行	华夏银行借记卡、华夏银卡、华夏金卡

世界上不缺少美，但缺少发现美的眼睛。银行服务也不缺少免费项目，但缺少细致寻找的耐心。

从 2006 年开始，工行、农行开始收取小额账户管理费，当时一度引起热议。目前大部分银行都收取小额账户管理费，收费标准从2元到200元不等，比较普遍的是每季度3元。但是细心的客户会发现，一些银行免收小额账户管理费。

表1.10 不收小额账户管理费的银行卡汇总

民生银行	民生银联借记卡、民生贵宾金卡、民生贵宾银卡、民生贵宾钻石卡
北京银行	京卡借记卡
上海浦发银行	东方借记卡、浦发轻松理财卡
北京农商行	北京农商行惠学卡、北京农商行惠农卡、北京农商行惠民卡
杭州银行	杭州银行西湖借记卡
华夏银行	华夏银行借记卡、华夏银卡、华夏金卡
邮政储蓄银行	绿卡、绿卡通、绿卡贵宾金卡、淘宝绿卡、绿卡腾讯QQ联名卡、绿卡生肖卡
浙商银行	浙商银行商卡、浙商银行成长卡

总的来说，消费者选择银行需要从费用、便利性、安全性和服务质量四个角度考量，具体可参考的指标包括工本费、管理费、手续费、贷款利息、免息还款期、网点数量、网上银行的安全和便利性、服务的人性化和交易的及时性等。综合考虑这些因素，一定可以选出一家让你满意的银行。

4. 善于和银行谈判

银行为了争取和留住客户，尤其是大客户或者重要客户，很多规定都保留了一定的弹性。普通客户虽不享有特权，但是如果能学会较较真，充分利用自己作为消费者的权利，和银行谈一谈，或许能“谈”出好价格、好服务。

大学校园，少则几千人，多则几万人，这样的市场谁也不愿意放过，所以校园里一般都有四大银行的身影。

有次，笔者在工商银行校园营业厅排队存款，当时的队伍特别长，足足有上百人。然而，银行的六个服务窗口只开了两个，另外四个窗口都被写着“暂停服务”的牌子挡着，窗口背后的人，有的走来走去，有的坐在那里发呆。

有的学生不耐烦了，要求银行工作人员增加窗口，大堂经理却大声反驳道：“我们还要吃饭呢，现在是午餐时间，银行规定这时候只开两个窗口。”大部分人听后，都只是嘴里愤愤不平，尽管大家都认为这样的规定根本就不合理。

然而，偏有人不服气，一位学生站出来，拨打墙上的投诉电话：“喂，我要投诉！”顿时间，大家纷纷扭头看去，“凭什么这么多人等着，你们的工作人员却视而不见……”

大家知道结果怎么样？

接到投诉电话的恰好是某副行长，此后的情形大家应该可以猜到：关闭的4个窗口很快被打开，一百多人的队伍不久就消失了。

银行是“民众生活的好伙伴”，理应以人为本，提供人性化的服务。但是我们在和银行交易的过程中，常常会遭遇不公平待遇或是不合理收费，这时我们应该据理力争，保护自己的合法权利，如果人人都成为看客，民众的维权意识何时才能被唤醒？

某大学教授，由于存款不少，加上教授的身份，一直被视为银行的重要客户。但是作为重要客户是有代价的，比如，他们的借记卡或者信用卡等级比较高，但等级越高的卡片，年费也越高，一般都在几千元左右。

这位教授经常接到银行的各种宣传电话。有一天，一位客服人员再次拨通了教授的电话，宣称只要办了他们的信用卡中的黄金卡，就可以免交年费，此外，还有其他各种优惠。教授于是便答应了办一张，但是银行不负责送卡，要客户自己去柜台取卡。教授因为工作忙，一直没有时间，后来就把这件事给忘记了。

两年后，教授突然接到一张银行寄来的欠费单，账单上赫然写着“欠缴年费 3600 元”，教授先是感到莫名其妙，好一会儿才想起来自己曾办过这样一张卡。但是教授卡都没取，银行凭什么收钱？何况银行当初不是承诺免年费的吗？

原来，银行来了一招妙手空空，先忽悠消费者办卡，一年免费期过后立刻收费，不管办卡人是否取卡，是否取用！

教授据理力争无果，准备通过法律途径维护自己的合法权益。这可把银行给吓坏了，不仅免除了欠费单，还主动销了卡。

教授作为银行客户，在这起纠纷中，获得了全胜！这个结果，恐怕连教授自己也没有想到。

有时候，我们的一句话，一个行动，或许就能产生意想不到的效果，“化不可能为可能”。

“哀兵”政策也是化解矛盾的好方法。

常用信用卡的朋友应该知道，忘记及时为信用卡还款是在所难免的。其实，如果是偶尔为之，消费者只要善于谈判，运用“哀兵”政策，在忘记缴费的 7 到 10 天内，打电话到银行客服中心，谦卑且虚心地道歉，并再三保证日后会准时缴费，服务人员通常会大发慈悲，免收滞纳金。

TIPS

中国大陆的第一家银行

中国大陆最早的银行是英国在上海设立的“东方银行分行”（也叫丽如银行或金宝银行）。1845 年，英国丽如银行首先在香港设立分行，同年该行又在广州建立分支机构；1848 年（清道光二十八年），该行在上海正式开办了“东方银行分行”，东方银行分行经营国际汇兑、发行纸币等业务，积极为英国的侵略政策服务。之后，其他帝国主义国家纷纷效仿，先后在我国设立了六十多家银行，二百多个分支机构。

第二章

借记卡——藏在身边的『吸血虫』

处处是陷阱，“神马”都收费

从工本费到年费，从跨行存取款费到转账费，从小额账户管理费到短信通知费，从挂失费到补卡费，银行展现了超强的“想象力”，把能想到的费用都给收了一个遍。

案例一：三年利息不够一次取现手续费

陈先生从佛山市退休后在广州养老，佛山市社保局每月发给他2000元退休金，他近两年每月从农业银行广州市越秀南支行领取退休金时总是被扣20元手续费。

“每月被扣20元，相当于抽走了养老金1%，银行说是异地取款要收费。但两年前银行该项服务是免费的。我就算把钱存一年定期，银行只给2.25%的利息，存个活期一年的回报率也只有0.36%，扣完利息税，存款一年的回报还不够一次取款的手续费。”陈先生这样说道。

案例二：网银转账手续费看涨

徐先生抱怨道：“工商银行同城跨行网上转账手续费为转账金额的0.9%！我转了5000元竟然得交45元手续费，比原来足足高出1倍。说涨就涨，完全违背了当初邀请我办理业务时的承诺。”徐先生现在另外选择了一家收费相对较低的股份制银行。

这样的案例不胜枚举。故事虽然各种各样，但是都反映了一个共同的问题：银行收费项目太多，收费太高。这就是所谓的“一站式收费”或者“一条龙收费”。只要有银行提供服务的地方，就有手续费的身影。不信？看看下面的分析。

借记卡的主要功能为存取现金、转账汇款、刷卡消费、代收代付和资产管理。

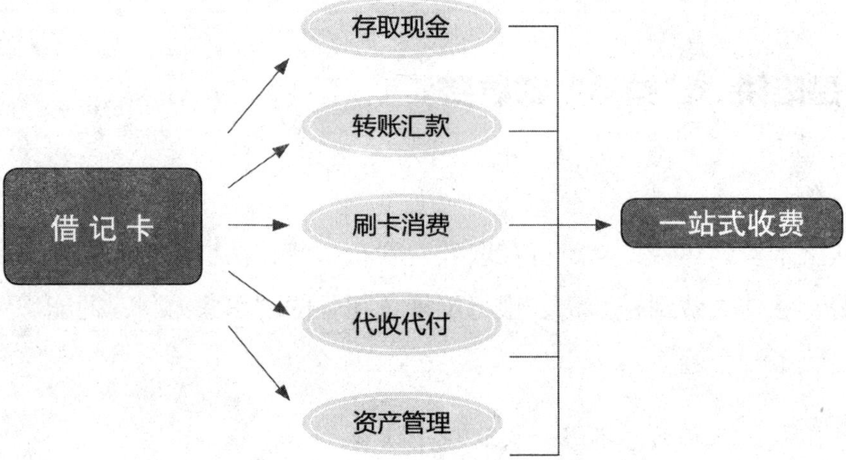

图 2.1　借记卡主要功能

只要您稍加留意就会发现，我们使用的大部分借记卡功能都是收费的。

银行的巨额利润，一方面来源于无处不在的借记卡收费，另一方面得益于庞大的借记卡数量。《2011 年第一季度支付体系运行总体情况》显示，截至 2011 年一季度末，借记卡累计发卡量达到 23.10 亿张，平均每一个中国人有 1.65 张借记卡。

一份针对大学生的调查显示，目前大学生中有 41.75% 的人拥有 1~3 张银行卡，26.21% 的人拥有 4~6 张银行卡，17.48% 的人居然拥有 10 张以上银行卡。这是多么可怕的数字，平均 5 个大学生中，就有一个人的钱包里塞了 10 张以上的银行卡。对于这些人而言，单单这些卡片的小额账户管理费每季度就得好几十元。

来看下某位网友列出的银行借记卡清单及使用情况：

表 2.1　某位网友的借记卡清单及使用情况

借记卡名称	办理原因	使用情况
工商银行牡丹卡	上大学时，专门用来缴纳学费	弃用
工商银行灵通卡	上大学时，用来领取做学生助理的工资	弃用
农业银行金穗卡	上大学时，用来取现和存钱	弃用
平安银行卡	在深圳生活半年期间，用来存取款	弃用
建行支付宝龙卡	支付宝付款，后改用信用卡付款	很少
北京银行京卡	缴纳燃气费	每月一次
民生银行借记卡	办卡时，不收跨行取款费用，用来取现	常用
交通银行公积金卡	公司办理的，支取公积金专用	偶尔
交通银行太平洋卡	自己办理的，也是用于支取公积	弃用
招商银行一卡通	之前听说收费便宜，所以办了一张卡	偶尔
招商银行一卡通金卡	工资卡	每月一次
中国银行卡	医保报销卡	偶尔
交通银行理财卡	购买理财产品	很少

表中所列的 13 张卡仅仅是该网友所拥有的借记卡，如果加上她持有的各式各样的信用卡，那么这位网友每年要支付几百元银行卡年费。

我们真的需要这么多银行卡吗？请翻一翻自己的钱包，仔细想一想，有多少张卡您只用过几次甚至一次？有多少张卡您超过一个月甚至半年没有使用？这 "睡眠卡"或"鸡肋卡"背后都凝聚着工本费、年费、小额账户管理费等各种费用。我们为什么要为一堆没用的卡片买单？

根据中国银联战略发展部的研究显示，中国目前每月至少被使用一次的活跃银行卡的数量不足一成。

我们办了大量的借记卡，除了自身原因，一些外力因素也导致我们办了大量的借记卡，一首某网友写的打油诗道出了我们的无奈与辛酸：

我是一个小市民，最近有点烦，凡是收费的发钱的/都要我办银行卡/收气费的，要我办张卡/收电费的，要我办张卡/收水费的，要我办张卡/收话费的，要我办张卡/发工资的，要我办张卡/交学费的，要我办张卡/送牛奶的，要我办张卡……

在各种收费面前，我们只能缴械投降，默默地“被办卡”，乖乖地“被收费”。

为了安抚人心，中国银联抛出了“国际惯例”，好让普通老百姓相信：国内银行的收费项目其实并不是创举，而是与国际接轨，向其他国家学习的典型事例。银行摇身一变，居然站在了有理的一方。老百姓如果不理解或者反对，就说明观念落后，对银行有偏见。

“世界通行做法”、“国际惯例”这些说法，民众其实并不陌生。几年前，一些银行的营业网点在春节和“五一”长假期间倒班歇业，打出的招牌是“国际惯例”；某地工商银行、农业银行、中国银行等8家银行对住房贷款中提前还贷的人收取带有惩罚意味的违约金，喊出的口号就是“国际惯例”。

针对借记卡收费，各个国家、各个银行的规定都不一样，根本无法用单一的标准衡量，因此，也就不存在什么“国际惯例”。人们从一些供职于外资银行的专业人士那里得知，世界各大银行都没有向借记卡持卡人“一刀切”式收取年费的做法，中国的商业银行的收费行为，完全是独创。

在花旗银行，借记卡只是储户提取现金的一个工具，不涉及账户管理和产品选择，因此不收取任何费用；汇丰银行方面也表示，汇丰的现金卡（借记卡）不收取年费。持卡人如果在柜台取款，大部分情况下，银行不收费，只有取款额度太小，人工成本较高时，银行才会收取很少的费用。在铁的事实面前，中国商业银行的“国际惯例论”根本就站不住脚。

银行抛出种种借口，无非是为了掩盖其蠢蠢欲动的收费野心。通过一张张小小的银行借记卡，银行卷走了巨额利润，原本方便生活的借记卡，现在竟然成了大口吃钱的机器。

"寄生"在我们钱包里的小小借记卡就像吸血虫一样躲在黑暗中觅食，与我们不断地纠缠，对我们垂涎三尺。千万不要小看它们，许多时候，正是它们让我们付出惨重的代价。因此，我们要提高警惕，早点为自己打上预防针。

TIPS

不设厕所的银行

众所周知，国内银行的营业厅不设厕所，对此，银行给出的解释是：为了资金安全，所以不设厕所。国外银行同样面临安全问题，它们的营业厅是不是也不设厕所？

日本银行的营业厅几乎都有厕所；法国的银行，无论是大营业厅还是小营业厅都设有厕所，而且还提供手纸等卫生用品；九家进驻上海的外资银行都设有卫生间，且向公众免费开放。

教你几招——省钱？没问题！

1. 省钱从办卡开始——按需选择

各家银行推出的借记卡功能有所不同，收费标准也不尽相同。我们应该根据自身的需求选择适合的借记卡。

经常异地取现的人最好选择跨行取现、异地取现免费或者费用较低的借记卡；经常出入时尚消费场所的都市白领则需要能够在各大商场打折的借记卡，光大银行的阳光都市卡是一个不错的选择，该卡除了拥有普通阳光卡的“缴费通”等日常服务外，还叠加了在巴黎春天、俏江南、虹桥影城等全国数百家知名特约商户享受折扣消费的优惠功能；经常投资基金的基民可以选择工商银行、中国银行、建设银行、交通银行等代销基金种类较多的银行；彩民朋友可以选择交通银行的太平洋卡、农业银行的金穗卡、广东发展银行的发彩卡这些有自助终端投注、网上委托投注和预约投注功能的借记卡；经常出国的朋友可以选择平安银行发行的国际借记卡，这样持卡人在境外带有“银联”和“Maestro”标志的取款机上取现和查询余额时，无需缴纳手续费。

向大家推荐一个实用的网站——银率网。通过这家网站，我们可以随意选择全国各个地区各家银行不同级别的银行卡，查询每张卡片的年费、取现费、申请条件和产品特色等，您还可以任意选择四种以内产品进行详细的对比。

比如，家在北京的小朱因为所住小区附近工商银行网点较多，而她自身没有其他特别需求，那么选择工商银行作为开户行就比较方便。小朱应该选择工商银行的哪一种借记卡呢？利用银率网，我们可以很快找到答案。

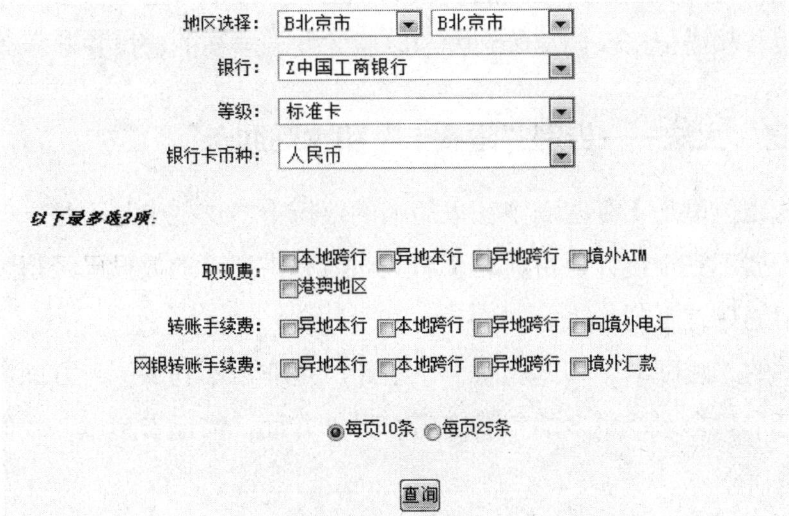

图 2.2　银率网操作页面

小朱没有特别需求，所以在上图中的限制条件下没有勾选任何选项，点击查询，小朱得到她想要的信息。

借记卡比较

本表数据项中年费、挂失费、账户管理费、新卡工本费等均可点击排序查看，同时您还可以选择同一页内最多四款产品进行比较，并查看产品详细参数。

对比	银行卡名称	发行银行	◆年费	异地同行取现费	异地跨行取现费	向异地同行卡转账手续费	网上银行向异地同行卡转账费	◆挂失费	◆账户管理费	◆新卡工本费
	牡丹灵通卡	中国工商银行	10元	交易金额的1%；	交易金额的1%+2元；	交易金额的1%；	交易金额的0.9%；	10元	3元（日均余额>=300元免）	5元
	牡丹E时代灵通卡	中国工商银行	10元	交易金额的1%；	交易金额的1%+2元；	交易金额的1%；	交易金额的0.9%；	10元	3元（日均余额>=300元免）	5元
	牡丹国际VISA卡	中国工商银行	10元	交易金额的1%；	交易金额的1%+2元；	交易金额的1%；	交易金额的0.9%；	20元	3元（日均余额>=300元免）	免费
	牡丹国际万事达卡	中国工商银行	10元	交易金额的1%；	交易金额的1%+2元；	交易金额的1%；	交易金额的0.9%；	20元	3元（日均余额>=300元免）	免费
	牡丹中油灵通卡	中国工商银行	10元	交易金额的1%；	交易金额的1%+2元；	交易金额的1%；	交易金额的0.9%；	10元	3元（日均余额>=300元免）	5元
	牡丹国泰君安灵通卡	中国工商银行	10元	交易金额的1%；	交易金额的1%+2元；	交易金额的1%；	交易金额的0.9%；	10元	3元（日均余额>=300元免）	5元

图 2.3　银率网操作页面

网站显示，目前工商银行总共有6种借记卡，其中牡丹国际VISA卡和牡丹国际万事达卡不收工本费，但它们的挂失费则相对较高。对于小朱而言，她可以随意选取一张办理。当然，小朱还可以选择其他银行的借记卡，只需重复上述操作，对比几次即可。

从和银行打交道的那一刻起，我们就应该树立省钱意识，省钱的第一步是选择银行和借记卡。切莫等到办卡以后才发现当初的选择并不合适自己。

2.“瘦身”大法——告别“睡眠卡”和“鸡肋卡”

你的钱包里是不是塞满了花里胡哨的银行卡？这些卡是不是一年也用不上几次？据不完全统计，目前北京市人均持有借记卡的数量已经超过6张，经常使用的只有1到3张。

太多的“睡眠卡”和“鸡肋卡”于储户是非常不利的。一方面，大量闲置的银行卡只会造成更多的年费支出；另一方面，借记卡越多，我们的资金就越分散。

假如我有1000元，平均配置在我所持的5张卡中，那么每张卡里的平均余额只有200元。这是一个很可怕的信号，因为我的5个账户都有可能被收取每季度3元的小额账户管理费。

从另一个角度看，银行在一定程度上也希望储户减少所持银行卡的数量，借记卡数量过大会对银行卡管理系统造成巨大的压力。

民众可有意识地选取1到2家银行集中办理业务，这样不仅可以无形中提升个人忠诚度，而且还有可能享受到银行更优质的理财服务。随着银行竞争的日趋激烈，银行越来越看重客户的忠诚度，如果大家将资金集中在一家银行，则可能在信用卡额度、认购理财产品、手续费减免等方面得到实惠。

林太太的父母住在外地，她每个月都会给父母汇一笔生活费用，这样，每个月林太太都需要缴纳10元的手续费。

其实，只要林太太能成为银行的VIP客户，转账、手机服务等业务都可以“免单”。补办卡、挂失、开立存款证明、投资理财等多种业务，还能够享受到不同程度的折扣。算下来，只要成为银行的VIP客户，每年可以节省几百元的手续费。

说了那么多，其实就是一句话：大胆地抛弃闲置的卡，让你的钱包“瘦”下来！

张小姐告诉笔者，她手中的各种银行卡超过20张。“我自己也被吓了一跳，除了工资卡、大学时候的学费卡，还有各种信用卡、专门给父母汇钱的银行卡。”张小姐说，“这20多张卡，除了少数几张常用，其余的基本上用了一次就被“打入冷宫”。

这么多银行卡，如何“减肥”呢？这个问题困扰了张小姐很久。

其实，只需要简单两步，就能轻松办到。

1）“瘦身”第一步：我要什么样的卡？

首先，弄清楚手中的银行卡有什么功能，哪些功能是必要的，哪些是可有可无的。工资卡要保留下来，因为工资卡多数情况下不收取年费。

其次，看看这张工资卡能不能满足您的日常生活需求。这个“需求”包括很多方面：比如网点是不是够多？代缴费功能是否完善？是否有投资功能？

如果单单一张工资卡不能满足需要，您可以办理一张功能与工资卡互补的卡片。买卖基金、炒股炒汇、代缴公用事业费用等都可以通过这张卡片。

这“第二张”借记卡很有讲究，最好去信用卡的开卡行办理。因为现在很多银行都开通了网上银行和信用卡自动扣款业务，如果您的借记卡和信用卡的开卡行是同一家银行，那么不仅可以充分用足信用卡的免息还款日期，还不用担心忘记还款日期。

2）“瘦身”第二步：运动一下，主动销卡

筛选完手中的一大把银行卡，下一步就是销户。许多银行不仅不会自动

注销“睡眠卡”，反而会继续扣取年费和小额账户管理费。注销无用卡，才能彻底避免不必要的开支。

特别提醒持卡人注意的是，销卡不等于销户，销卡之后，一定要向银行客服人员确认账户是否已消除。某知名歌星就因信用卡销卡但未销户而被银行客服人员重新申请新卡盗刷 120 万元。客户自行销毁卡片，会在无意间泄露个人信息，造成财产损失。因此，注销银行卡时务必谨慎。

让我们动起手来，梳理钱包里的银行卡，归并功能重复的卡，注销闲置不用的卡，让账户体系“瘦瘦身”，实现银行卡从数量到质量的转变。

3. 对小额账户管理费 say no

合并借记卡，将资产集中是一种规避小额账户管理费的有效方法。除此之外，还有一些方法也能实现储户免交小额账户管理费的愿望。

首先，我们得明白小额账户管理费背后的机理。银行对小额账户有明确定义：账户日均存款余额低于最低标准的账户。各大银行对最低标准的规定各不相同，一般都在几百元左右，比如工商银行为 300 元，那么日均存款余额小于 300 元的账户则属于小额账户。

什么是日均存款余额？它是指在一个收费周期内，比如一个月，将 30 天中每一天账户上的余额加总，除以30天，就得到了这个月的日均存款余额。

了解小额账户收费背后的机理后，我们应该充分利用它，进而避免缴纳小额账户管理费呢？其实很简单。储户只要在一个收费期间的某一天在账户上存上一大笔钱，就可以让日均余额达到银行要求，省去小额账户管理费。比如，一家银行规定日均余额为 500 元，如果每月按 30 天计算，储户在当月 1 号存入 15000 元，2 号就将这 15000 元取走，即使在这个月里的剩余时间内不再往账户里存钱，这个月的日均余额也会达到 500 元，这样储户就不用再交小额账户管理费。

一般情况下，小额账户管理费只针对活期账户，定期存单不收取账户管理费。很多人习惯将钱攒到一定金额后再转存定期存单，其实目前一些银行已经开通了银行卡存款自动转存定期的功能。

比如工商银行的 E 时代、理财金等借记卡，储户只要和银行签订自动理财协议，那么当账户中的钱达到一定金额时便可自动转存为定期。而当储户因取款或消费导致账户余额低于小额账户规定的最低标准时，银行电脑会从定期存款中自动支取差额，使账户余额不至于低于小额账户的最低标准。

借记卡这样的功能，我们没有理由错过，类似的服务能让我们省心不少。

4. 借道“本地化”，取款更优惠

案例一：常年在外，办张当地卡

姓名：陈建国

身份：在京经商的温州人

陈建国是地地道道的温州人，一年前，在朋友介绍下来到北京，准备开一家鞋店。出门前，家人特意替他在温州某家银行办了一张借记卡，并往卡里存了 20 万元钱。

办理营业执照、租铺面、招店员，来到北京后，陈建国便在朋友的帮忙下忙开了。需要用钱的时候，陈建国便会从卡里取出一些来，10000 元、8000 元、5000 元……可他没意识到，自己的卡是在温州办的，每次取钱都属于“异地取款”。按照规定，银行会从他的账户里扣除一定额度的异地取款手续费。因为频繁地取钱，一年时间，陈建国缴纳的手续费已有近千元。

如今各家银行都已实现了全国联网，对持卡人来说，消费变得更加便捷。但方便之余，请别忘了，这种方便不是免费的。

对像陈建国这样长期在外工作的人来说，问题的最好解决办法是在工作当地的银行办一张新的借记卡，并且尽量选择汇款手续费较低的银行。办好银行卡以后，将账号告诉家人，让家人一次性往自己的新卡上汇入足够的钱，等这笔钱到账后，持卡人长年在工作地取钱时，就不用再交手续费了。

为什么要一次性汇款？一般情况下，银行异地汇款的手续费会有一个不低的上限，比如工商银行汇款手续费的上限是 100 元，汇款金额较大就能充分利用这个上限。如果陈建国能够按照上述方法操作，那么他缴纳的手续费最多只有 100 元，而不是之前的 1000 元。

案例二：组合用卡，最优搭配

姓名：小丽

身份：上海务工人员

小丽是江西人，家在农村，和许多怀揣着梦想的年轻人一样，小丽于去年年初来到向往已久的上海打工。小丽平时省吃俭用，除了给父母寄点生活费以外，自己攒了一些钱。转眼，到了年底，小丽回老家过年，因为担心把现金带在身上不安全，于是她把全部积蓄都存在了工商银行的借记卡里。

回家探亲，免不了走亲访友，买礼物、拜年、包红包给小朋友。小丽家在农村，工商银行网点较少，有时候她必须从邮政或者其他银行取钱。过完春节，小丽发现自己被扣了两百多元的手续费，这对于月工资只有 3000 元的小丽来说不是一个小数目。

小丽想：明年回家过年的时候，有没有什么办法可以节省这笔手续费呢？

如果家在小城市，只有“工农中建”四大银行，没有收费相对优惠的小银行，持卡人是不是就只能承受高额的收费呢？非也。只要搜罗信息够精准，持卡人同样可以充分利用小银行的优惠达到省钱的目的。

笔者提供的省钱妙招就是在工作地再办理一张手续费用低廉的中小银行的借记卡。具体怎么操作呢？首先，通过中小银行把钱汇到家乡的银行卡上，比如汇到父母的银行卡上，再用父母的银行卡在当地的银行取款，就不用再缴纳异地取款费了。

笔者推荐小丽办理浦发银行的借记卡，该行跨行汇款的手续费用仅为单笔汇款金额的 0.2%。小丽通过浦发银行把钱转到老家父母的工商银行账户上，回家后直接用工行卡取现就可以了。

还有一些优惠更多的卡片，例如深圳平安银行的借记卡在国内所有带有“银联”字样的 ATM 机上取款都不收手续费。用户办理平安银行的借记卡，就不必担心手续费，放心取款就行了。

通过组合用卡，实现最优搭配，像小丽这样的年轻人就能轻松地为自己节省不小的开支。所以大家一定要善于对比，充分发掘优惠信息，成为省钱达人。

5. 多次取款通过柜台更划算

从费率上来看，通过柜台取款的手续费一般比 ATM 机贵，因为柜台取款涉及到人工服务，手续费包含一定的人工服务费用。但如果持卡人有多次取款的需求，选择柜台取款可能比柜员机更便宜。

福州的蒋女士反映：“以往在柜台存款，手续费最多 50 元，可这次通过 ATM 机存款 1.5 万，竟被收了 75 元，为什么手续费差这么多？”

对此，该银行客服人员解释道：“个人账户异地存款，我行 ATM 机和柜台收费相同，收取单笔金额的千分之五，最低 1 元，最高 50 元。不过，ATM 机一次最多只能接受 100 张百元钞票，超过 100 张需要再次操作。”

蒋女士承认，当时的确不止存了一次。第一次存了 1 万，第二次存了 5000 元。“这样算起来，被银行收了两次手续费，太不合理了。”蒋女士抱怨道。

存款有上限，取款也有上限。工商银行异地取款手续费是交易金额的 1%，单笔最低 2 元，最高 100 元。通过柜台取款 2 万元，持卡人需要缴纳 100 元手续费。通过 ATM 机取款，假设柜员机单笔取款限额为 3000 元，持卡人至少需要取 7 次才能取满 2 万元，每次都按取款金额的 1% 收取手续费，那么总的手续费将高达 200 元，比通过柜台取款整整贵了一倍。

因此，大家一定要根据取款金额的大小，判断是否需要多次取现，比一比人工取款和自助取款，到底哪种方式更便宜。算一个简单的计算题，将为你省下一笔可观的费用。

6. 境外刷卡——出国旅游那些事儿

1）刷卡要走银联通道

现在，百姓的生活水平上去了，出境旅游不再是什么稀奇事。不想走远路的人选择去日本、韩国等周边国家，向往西方国家的朋友们会选择欧洲和美利坚。在国外旅游，游客必须持有当地的货币，但我国对出国人员随身携带的外币数额有严格的限定，所以很多人出境时会选择带上银行卡。

有银联标识的借记卡在境外只适用于带有银联标志的 ATM 机，银行按当天汇率结算后，直接从账户中扣除人民币，同时收取一定的手续费。

双币借记卡，同时包含人民币账户和外币账户，卡片上既有银联标志，也有国际卡组织的标志，如 VISA、MasterCard 等。目前，国内各大银行几乎都推出了双币卡，例如美元双币卡、欧元双币卡等。游客可以根据出游地选择不同币种的双币卡。比如，欧洲大部分城市的商场、超市可以使用欧元双币卡直接刷卡消费。

双币卡的持卡人在境外取款，既可以通过银联网络，也可以选择与国际卡组织对应的 ATM 机。如果选择后者，款项会被先从外币账户中扣除，当外币账户余额不足时，人民币账户中的余额才会被用来补充外币账户，这就涉及到了汇率问题。

因此，出境旅游者在国外消费时，请首选带有银联标志的 ATM 机或者有银联网络的商户。通过国际卡组织的 ATM 机取现，在换汇业务中要被扣除货币转换费，一般为总金额的 1% 到 2%，通过银联网络则不需要缴纳货币转换费。

目前，银联网络已经覆盖全世界 110 个国家和地区，日韩、新马泰、港澳台地区等热门旅游地，银联网点尤为普遍。

罗先生和谭先生在香港各花费 1 万港元购物。罗先生使用双币种卡付款，谭先生使用有银联标识的人民币卡付款。按照目前港币对人民币汇率 0.8195（2011 年 10 月 25 日数据）计算，谭先生的账户被扣去 8195 元人民币。罗先生使用的是其他银行卡组织发行的双币种卡，消费时必须先兑换成美元，按照目前港元兑美元汇率 7.7783 计算，杨先生消费 1285.63 美元，加收 1.5% 的货币转换费，全额为 19.28 美元，再按美元兑人民币汇率 6.3735 计算，杨先生需偿还 8317 元人民币。同样消费 1 万港币，杨先生比顾先生多支出了 122 元人民币。

2）选对银行省大钱

游客出行时，选择通过银联渠道取款，省下一笔数额不小的手续费，优惠不止这些，选择合适的开卡行也会省钱不少。

平安银行自 2009 年 7 月起推出取现优惠活动，活动规定所有平安借记卡持卡人可以免费在境外带有银联标识的 ATM 机上取款、查询，这是目前我国唯一实行“双重免费”的银行。

比较优惠的还有华夏银行，该行规定：上海地区开办的华夏借记卡每日每卡境外取款前 3 笔免手续费，之后每笔 12 元；北京、广州、深圳地区开办的借记卡每日每卡境外取款第一笔免费，之后同样每笔 12 元。以上四个地区开办的借记卡每日每卡查询前 3 笔免费，之后每笔 2 元。对于取款次数较少的持卡人来说，使用华夏借记卡在境外取款，同样可以做到零成本。

上海银行借记卡境外取款每笔收费 12 元，查询账户免费；光大银行借记卡境外取款每笔收费 15 元，查询免费；民生银行普通借记卡的收费标准与光大借记卡相同，持卡人通过 VISA 国际卡取款，手续费为取款金额 1%，金额最低 2 美元、最高 10 美元，账户查询免费。

广东发展银行、深圳发展银行、中国银行和兴业银行的借记卡在收取境外取现手续费时，按刷卡笔数计算，与取现金额无关；招商银行、农业银行、建设银行、工商银行、交通银行则将手续费与取现金额挂钩。例如，工商银行规定，持卡人境外取款手续费，最低 14 元，最高 112 元。换言之，比起零成本的平安银行，工商银行持卡人境外取现可能需要多花 112 元，两者差距可见一斑。

相对来说，经常出国旅游的朋友选择办理中小银行的卡片会获得更多的优惠。

3）携带外币现金要适量

通过银联，持卡人每日取款的上限为等值的1万元人民币，农业银行的规定相对比较严格，每日取款的上限为等值的5000元人民币。

双币卡则实行另一套标准，同一账户下，取现金额一天内不能超过等值的1000美元，一个月内累计不能超过5000美元，6个月内不得超过1万美元，1年内不能超过2万美元。

无论是境外取现还是境外刷卡，手续费都比国内贵很多。因此，持卡人不妨在出国前先行兑换一定数额的当地货币，或是当地通用币种，例如美元，这样能节省不少费用。虽然境外刷卡消费已经十分普及，但需要用现金的地方仍然不少，因此，消费者出国时，需要备上一定量的外币现金。

但是，携带多少外币在身上需要消费者仔细掂量，因为将没有用完的外币现金再换回人民币，在买进卖出的过程中，可能会造成不小的汇兑损失。

“去年旅游的时候美元换多了，剩下的就一直放在家里，现在美元贬值，可损失惨了。”从美国回来的王阿姨一个劲儿地倒苦水。“旅行回来怕麻烦，还剩下几千美金一直没去兑换，觉得美元不会跌多少。结果没想到，从去年我旅游回来到现在都跌了将近3%，亏了上千元人民币。”王阿姨抱怨道。

4）切莫忘记可退税

退税是非常重要的环节，充分利用可以省下不少费用。

所谓境外购物退税，是指游客在他国购买一定金额商品后，原封不动地带回国内，游客有权在国外申请退税，额度一般在所购商品金额的6%—25%之间。因为游客购物时支付的金额包含了增值税或消费税这些只针对本国（地区）居民征收的税种。免税退款有3种方式：机场直接退还现金、把钱退到指定的信用卡、通过支票退税。

欧洲有20多万家退税商店，一般情况下，旅客于同一天在同一家商店一次消费到一定金额便可享受退税。据悉，法国的退税门槛为175欧元，意大利为154.94欧元，德国为25欧元，英国为30英镑，荷兰为50欧元。

退税的唯一有效凭据是海关印章，因此，游客在离境前千万不要忘记在发票上盖章。

小惠暑假和朋友去欧洲“血拼”，目的地包括法国、德国、意大利等地。由于事先做了充分的调查和准备，小惠不仅买到了许多折扣商品，而且还依靠退税节省了几百欧元。

“LV的包包花了792欧元，退税90欧元。在法兰克福的outlet消费了200欧元，退税60欧元左右。旅游回来，我大概拿到了300多欧元的退税，这好比折上折优惠，错过了岂不是很可惜？”小惠很得意地说道。

从办卡到购汇，从取现到退税，整个旅游的过程中，处处都有省钱的机会，您何不做一个有心人，享受各种优惠呢？

7. 多刷卡也能省钱

现在许多人仍然不习惯刷卡消费，尤其是中老年人，一辈子用惯了钞票，难得刷卡消费。其实刷卡不仅是一种时尚的标志，更是一种省钱的门道，一味地使用现金消费会丧失很多省钱的机会。

例如持卡人持中国银行的借记卡，当年年内刷卡消费10次以上或累计消费金额超过2000元，银行就会免收次年年费。其他银行对客户刷卡消费也有不同的奖励。高级别的银行卡，比如金卡、钻石卡，年费高达几百甚至几千元，持卡人多刷几次卡就能免除年费，何乐而不为呢？

招商银行的持卡人去一些知名的饭店用餐，只要刷卡就能享受一定的折扣；华夏银行的持卡人出游前可通过电话、传真和网络免费预订全国120多个大中城市的1000多家星级酒店，并享受房价2—7折的优惠。一些银行推出了女性卡，女性持卡人可以在许多品牌服装店、美容院、珠宝行享受一定的折扣。

有的银行经常推出消费累积分活动。持卡人在百货、宾馆、餐饮等商户处消费，每刷卡1元钱，就会给你获得1个积分，积分达到一定额度后，持卡人就可以领取相应的礼品或参与抽奖，奖品包括手提电脑、手机、相机等。

我们一年之内，会去多少次超市？抽出区区10次机会刷卡消费，就能省下一笔费用。千万不要小看这些“小恩小惠”。物价飞涨，我们随便找个餐馆吃饭要花上两三百，如果能打个折，就能省下几十元。把衣、食、住、行的费用全部加起来，打折得到的优惠将是一笔不小的财富。

8. 善于发掘特殊功能卡

银行为了吸引储户、吸收存款，针对有特殊需求的客户推出特殊功能卡。充分利用这种差异化的服务，对持卡人而言，将会是一个福音。

随着私家车的普及，越来越多的银行将目光投向有车一族，纷纷推出“汽车银行卡”。这种汽车银行卡不但兼具普通借记卡的各项功能，还承载了很多汽车增值服务。

现在最困扰私家车主的不是买车的问题，而是养车的问题。人们一旦买了车，就要定期地对车进行加油、清洗、保养和维修，这些大大小小的支出常常使得车主们焦头烂额，所以才会有人说：“买得起车，却养不起车”。

有了汽车银行卡，车主就可以享受诸如汽车保养这样的优惠，最低至五折。例如一些银行联合中石油和中石化推出了刷卡加油优惠活动，持卡人每次加油都可以享受1%左右的折扣，别小看这些折扣，它们日积月累将是一笔巨大的资金。

此外，汽车银行卡还提供24小时道路救援的特惠服务。车主在路上开车，难免遇上汽车抛锚或者爆胎。车主如果要求汽车服务商紧急送油、拖车和换胎，将会被收取非常昂贵的费用，比如换胎一次就得100元。而使用汽车银行卡，则可以以超低的价格，甚至免费地享受这些服务。

此外，一些银行联手保险公司推出办卡送保险服务，例如，建设银行会向每位持卡人赠送保额高达100万元的保险。

目前市面上推出汽车银行卡的银行主要是工商银行、建设银行、光大银行以及上海银行。

汽车银行卡只是特殊功能卡中的一个代表，还有很多具有特殊功能的银行卡等待着我们去充分发掘。

四川某公司总经理杨硕一年中有一半时间在各地飞来飞去，遇上航班延误的次数实在数不胜数。漫长的候机时间，常常让他苦不堪言。“有时候，飞一趟外地，前后得折腾好几天时间，非常疲劳。”

杨硕听说成都农商银行推出了一张白金卡，持卡人可以在全国52个机场享受免费在头等舱休息室休息的服务，他决心去试一试。

经过咨询，杨硕了解到，白金卡除了提供机场头等舱休息室以外，还为持卡人提供了全年365天的全国道路救援服务（包括15公里的免费拖带、现场小修、换胎和送油服务）、最尊贵的高尔夫礼遇、钻石级的健康体检套餐、专业的口腔护理服务等白金服务。根据服务内容和服务次数的不同，银行推出了380元、880元和1880元三类不同年费档次的白金服务。

“我每年做一次体检、口腔护理都要几千元。”杨硕对白金服务的收费十分满意，于是立即办理了一张年费最高的天府白金卡。但他同时提出一个疑问：“其它银行的白金卡必须办卡人本人享受，但我自己很忙，许多免费项目都被浪费了。”

针对这种现象，银行特别推出天府白金信用卡“项目互换、家人同享”服务。例如，高尔夫练习次数与机场贵宾厅服务次数可以相互调换，如果白金卡持卡人已经进行了体检，免费体检项目可由家人使用。

杨硕正是充分利用银行的特殊服务，从而获得了实实在在的利益。“天上不会掉下馅饼”，这样的机会不会主动送上门来，需要我们去发掘。

笔者倾情奉献了八条省钱的建议，暂且称之为“省钱八式”，有心人如果能够细细体会，灵活运用，不断修炼“省钱神功”，丰富招数，勇敢地与银行博弈，就能保证幸福不打折。

TIPS

选择币种有窍门

你知道吗？在新加坡，消费者在大多数商场可以同时使用人民币和美元消费，然而同一商品，不同币种标价却不相同。一般情况下，人民币标价比美元标价高。比如一把雨伞标价 5 美元，人民币标价可能是 50 元人民币，按照现在的汇率，使用美元消费会更实惠。

第三章

信用卡——让我欢喜让我忧

提防信用卡陷阱

当我们的猿人祖先从树上爬下，开始直立行走后，一个难题便深深地困扰着他们：今天，家里只有豪猪肉，如何才能吃上隔壁张猴子家的斑马肉呢？我们聪明的祖先想到了一个好办法——以货易货，两块豪猪肉换一块斑马肉，于是问题迎刃而解。

但是，随着人类口味的多样化以及交易的复杂化，简单交换货物的方式已经不能满足群众日益增长的物质生活的需要，于是人类历史上最伟大的发明——钱就出现了。作为等值量化的交换工具，钱使得人们的生活更加便捷，从此再也没人愿意扛着豪猪肉去山那头换斑马肉，只要带上钱就能轻松搞定。那么，作为比钱更高一级形式的信用卡是如何诞生的呢，这里还有一个小故事。

60多年前的一天，天气晴朗，万里无云，美国商人弗兰克·麦克纳马拉请他的好朋友们到纽约的一家高级餐厅大吃一顿，正当大家吃着火锅唱着歌的时候，我们的麦先生尴尬的发现，自己居然没带钱包。

麦先生只好打电话让妻子带现金来餐厅结账。回去的路上，麦先生越想越气，明明自己年薪百万，事业有成，付个饭钱不在话下，假如可以凭自己的信用提前消费，怎会落到让妻子出手相救的难堪场面。于是，一个凭信用提前消费的伟大创意就在我们麦先生的心底慢慢孕育起来。

1950年，那是一个春天。弗兰克·麦克纳马拉和他的好朋友施奈德合作投资一万美元，在纽约创立了“大来俱乐部”（Diners Club），这个俱乐部为会员提供一种能够证明身份和支付能力的卡片，会员凭卡片可以记账消费。这种卡片就是信用卡的雏形。那个时候，如果谁能加入大来俱乐部，获得大来卡，那就一下跻身名流上层，个儿也高了，声音也洪亮了，整个人都器宇轩昂起来。

经过60多年的发展，信用卡从最早的专门为上层人士出入曼哈顿高级饭店服务的凭证，转变成为面向普通大众的金融产品。70年代，美国只有16%的家庭持有信用卡，到了80年代，除了最贫困的家庭，几乎所有的美国家庭都成了持卡一族。当前，几乎每个美国人都有一张或多张信用卡，普及程度可见一般。据美国商业周刊报道，美国信用卡市场的年收入已达到2.1兆美元，发卡数8.48亿张，信用卡发行商已经多达八千多家。

80年代中期，信用卡漂洋过海来到中国。刚入国门时，这种小卡片并不受大家欢迎。信用卡提倡的“提前消费”观念与中国人一贯信奉的量入为出的理财观格格不入。直到2003年，这种局面才得到改观，当年信用卡发行量超过历年总和，史称“中国信用卡元年”。

截止2009年底，全国累计发行信用卡1.86亿张，交易总金额达3.5万亿元，交易量达19.7亿笔。据麦肯锡研究预测，中国消费者信用卡的总体渗透率在14%左右，北京上海等一线城市的富裕阶层超过1/3拥有信用卡。事实上，信用卡已经很大程度上改变了我们的支付方式和消费习惯。

有研究机构预测，如果全面放开信用卡业务，到2013年，我国信用卡市场利润将达到130到140亿元，成为仅次于个人住房贷款的第二大零售信贷业务，信用卡业务成为银行业的核心业务和主要利润来源。

俗话说羊毛出在羊身上，为银行提供百亿元利润的“绵羊们”，千万小心，不要掉进收费陷阱，多花冤枉钱。

1. 免收年费成“泡影”

大部分银行的年费收取政策基本相同，一般标准信用卡普卡年费在 100 元左右，金卡年费在 200 元或 300 元之间。单币卡年费低于双币卡。附属卡年费一般为对应主卡年费的一半。比如浦发银行标准信用卡普卡年费主卡 180 元，附卡 90 元；金卡年费主卡 360 元，附卡 180 元，浦发上航联名卡的年费 360 元；工商银行的牡丹国际信用卡的主卡年费是 100 元，而牡丹建国 60 周年信用卡，年费仅为 50 元。因此，即便是同一个信用卡中心发行的信用卡，年费标准也会有很大出入，持卡人在办卡时应该先看看卡片的“潜在成本”有多高。

银行为招揽客户纷纷推出信用卡免年费来吸引顾客，其实这只是发卡机构跑马圈地的惯用伎俩,办卡人应小心“免年费”招牌后面的诸多条件和限制。

我们经常在银行宣传小册上看到“刷满 X 次免年费”或是“刷满 X 元免年费”的广告，但是在这个光鲜亮丽的承诺背后是一个个精心设置的“陷阱”，只要持卡人一不小心，就会掉入其中。

有些银行将年费改立名目，标上“专项服务费”，或是“入伙费”、“工本费”等，这种办法最为隐形，最不易察觉。客户觉得年费都省了，出点“工本费”之类的也是应该，没想到恰恰中了银行的招。

有些银行虽然承诺免年费，但是在信用卡的服务条款中标出“非免费”的项目，持卡人必须每年为这些“非免费”项目支付服务费，这样相当于变相地交了年费。例如，浦发银行的 WOW 卡，需要交纳 260 元的“入伙费”才能豁免年费，招商银行的 ANA CARD 全日空信用卡，规定终身免年费，不过办卡人需要交纳会员费，主卡 650 元 / 年，附属卡 325 元 / 年。

浦发银行要求客户每年任意 6 个月，每月至少刷卡消费一次才能豁免次年主卡年费；深圳发展银行信用卡一年内累计消费 18 次才能减免次年年费；建设银行奥运白金卡规定一年内刷卡满 18 次才可以免当年年费。所以，消费者在开办信用卡前一定要问清年费收费标准，切莫只见“免费”二字就忘了“陷阱”。

当然，只要大家细加对比，还是可以发掘出不收年费的信用卡。往往这种免年费的信用卡的发卡银行都是中小银行，比如邮政储蓄银行发行的信用卡，无论是主卡还是副卡，都无需担心年费的问题；上海银行的星运卡、香港旅游卡、全球通卡，广发银行的南航明珠信用卡非常版和 QQ 爱车卡，浦发银行的麦兜信用卡和建国 60 周年信用卡，北京银行的大爱信用卡等，都能享受终身免年费的服务。

2. 信用卡超限收费

“十一”黄金周，小张来到人潮如织的王府井，挑来选去，终于看上一款三星的手机，一个裸机加上各种礼包总共 5300 元。小张大手一挥，大喊一声：刷卡。可到月底，对账单寄来的时候，小张迷惑了，怎么多出了 26 元的“超限费”，找到银行一问，才知道自己的信用卡信用额度只有 4000 元，小张超出了信用额度，因此被银行收取 26 元手续费。

据央行规定，各银行可以将信用卡刷卡消费的最高额度控制在原额度的 110%。比如，持卡人的信用额度为一万元，那么持卡人最多可以刷卡消费 11000 元，对于超出信用额度的 1000 元，银行则收取一定比例的超限费。

“超出限额的话，银行应该通知一声啊，多出的钱我付现金就好了，凭啥多收我 26 块，这钱花得太冤枉了！”

银行对超出信用额度的消费进行收费，国内很多人都不清楚这项收费，往往当寄来对账单时，才发现落入“陷阱”，直呼上当。

为了避免被银行算计，持卡人需养成记账的好习惯。持卡人开卡前，了解自己的信用额度；开卡后，时常查询透支情况，以免超出信用额；或是直接在办理信用卡时，取消超限消费这项服务，以绝后患。

3. 死卡也收费

信用卡业务在刚起步之初，银行业间避免不了你死我活的促销拼抢、各种承诺、各种优惠，这样低端的同质竞争，导致消费者只为一点点小赠品，大量办卡。持卡人收到卡不做任何处理，甚至连信封都未拆封，等收到了银行的年费催缴账单的时候，大家才打电话向银行质询。

信用卡未开通就被扣收年费的报道屡见报端，这主要是因为银行粗放式的业务扩张和“跑马圈地”式的营销模式。在办卡阶段，银行业务员为完成业务额度，冲绩效，并没有明确告知客户未开卡也收费的条款，再加上持卡人也未将此事放在心上，从而导致纠纷。

目前大部分银行发的普通信用卡若不激活是不收取年费的，但是一些个性信用卡仍然存在不激活就收费的情况。比如招商银行的 hello kitty 香水卡金卡，无论有没有被激活，银行都要收取 300 元 / 年的年费；建设银行部分汽车卡也要收取 200 元 / 年的年费；浦发银行也存在即使不开通也要收取年费的卡种等等。

目前，银监会拟叫停“开卡送礼”的营销手段，这样就能限制一部分消费者盲目办卡。其实，办卡人避免死卡收费最有效的手段，就是在收到卡片后，打电话到银行直接注销。

4.1 分钱也要还，1000 ≠ 1000.01

有时，持卡人的手头有点紧，并未全额还款，只按最低额度还款。很多人并不知道，按照银行规定，持卡人按最低还款额度还款后，银行仍按所欠全部金额计征利息，且利滚利计息。这是广受消费者诟病的“霸王条款”。未还完的“小尾巴”经过银行的“妙手”，变成了一条利滚利、吐着信子的“利息大毒蛇”。

持卡人与银行的交往中，经常演绎现代版的“一分钱难倒英雄汉”，因为 1000 ≠ 1000.01，虽然只是一分钱，但是银行可不会慷慨大度，帮你把一分钱抹平。

小张于去年 12 月 1 日刷工商银行信用卡购买了一台笔记本电脑，花费 8000.01 元，当他 1 月 1 日收到账单后，于 1 月 8 日还款 8000 元，剩下的 0.01 没有归还。

部分罚息

到2月1日再出账单时，小张的账单显示应还款为0.0131元，利息0.0003元，计算公式为：利息=未还款额 × 日利息（0.05%/天）× 刷卡天数，0.01元 ×0.05%×62天=0.0003元。

全额罚息

如果小张一分钱也没还，那么他的2月1日的账单将会显示应还款金额为3696.25元，利息196.25元。计算公式为：利息=消费总金额 × 日利息 × 首次还款天数+未还款额 × 日利息 ×（二次还款日期-首次还款日期），即8000.01元 ×0.05%×39天+0.01元 ×0.05%×23天=156元。

只要持卡人在规定的免息日内还了“最低还款额”，银行就只收取利息，不收取滞纳金。但如果持卡人连这个“最低还款额”都未能还上，就必须在支付利息的同时支付滞纳金，滞纳金一般为最低还款额的5%。更应该提醒持卡人的是，一旦支付滞纳金后，除了承担利息和费用损失外，持卡人的信用记录也会受到影响。

之后工商银行率先取消信用卡“部分还款，全部计息”，改为“部分还款，部分计息”，成为中国第一家取消全额罚息的银行。但是其他银行还是很有“毅力”地坚持执行“全额罚息”。

律师针对“全额罚息”条款也做出解释：虽然持卡人没有按时还足全款，有一定责任，但银行“全额罚息”，违背了《民法通则》中的“公平合理，等价有偿”原则，为显示公平，一些银行应该学习工商银行，只针对客户违约未还的金额进行处罚，收取罚息，而不是按全额罚息。

5. 小心你包中的“休眠”卡

小王在IT公司工作，现任项目经理，月收入颇丰，算得上是资深小白领。闲来无事，他翻开自己的皮夹，各式各样、五颜六色的银行卡呈现在眼前，有建行的龙卡、交行的太平洋卡、工行的牡丹卡、光大的阳光卡……小王随意一数，没想到居然有14张之多，真把他吓了一跳。这些卡片有的是用来领工资的，有的是水电气、物业管理费缴费卡，有的是房车的按揭卡，经常使用的不过 5 张而已，小王的银行卡的“休眠”率高达 65%。

这些躺在皮夹里“休眠”的信用卡默默吞食持卡人账户内的资金，一旦卡内余额不够支付年费，银行会按透支处理，如果持卡人不及时处理，最后信用记录受损，进入银行黑名单，将会后悔不迭。

亲爱的朋友们，好好检查下你的钱包，看看有多少“僵尸卡”躺在其中，这些“休眠”的信用卡将会花去持卡人一笔不小的开支，持卡人应尽快去银行注销“休眠”卡。

6. 信用卡取现收费

信用卡——让人欢喜让人忧，我们一面承受着各种信用卡收费，一面享受着信用卡带来的便利。我们既可以刷卡提前消费，又可以在手头拮据时，从信用卡中“预借现金”，以解燃眉之急。虽然信用卡提现的门槛越来越低，但是请千万提防提现手续费，持卡人不要饮鸩止渴，忘了手续费这杯毒酒。

小王在北京有自己的小公司，算是事业有成，几年前办的信用卡的信用额度也一提再提，今年的信用额度已达到 5 万元。最近小王发现，对账单上显示的预借额度也被提高到了 2.5 万元。原来，银行调整了小王的信用卡的预借现金比例，以前预借现金比例是信用额度的 30%，现在则提高到了 50%。银行方面还知会小王，如果有需要的话，可以申请将比例提高到 100%。

也就是说，假如小王向银行申请提高预借现金比例的话，他可以从信用卡中提出 5 万元现金，这对开着小公司的小王来说是不小的优惠，5 万元对于公司经营日常周转也是笔不小的数目。

“预借现金”服务风险很大，银行对于这项业务有诸多限制，但是随着银行间竞争的加剧以及风险控制能力的提升，预借现金业务逐渐推广，成为银行利润来源的新增长点。

各家银行的信用卡取现的手续费的标准不太相同，费率为 0.5% 到 3% 不等。除了手续费，透支取现还需要支付透支利息，透支利息是按日万分之五的利率来计息，而且按月计算复利，如果借款时间很长的话，资金的使用成本是非常高的。

农业银行、交行、招行、平安银行等的取现手续费是取现金额的 1%，收费最低的是建行，为取现部分的千分之五，最低 2 元，最高 50 元，额度为信用额度的 50%，但每天不能超 2000 元。广发银行最高，为透支取现额的 2.5%，但该行 2011 年推出优惠持卡人提取自有存款无论同城还是异地都无须交纳手续费，持卡人可多加利用。中行和工行也比较划算，按笔计费，同城同行免费，跨行则按另外的标准收费。

持卡人使用信用卡透支取现要慎之又慎，如果没有紧急情况，最好不要使用信用卡取现。持卡人如果进行大额消费，完全可以采用分期付款的方式，没有必要透支信用卡提取现金。

7. 多存钱居然也收费

今年“十一”，小何为了去看人海，毅然来到北京三日游，把北京游人最多的故宫、长城、天安门逛个遍。出发前为了方便，小何在信用卡里存了 5000 元，整个游玩途中总共提取 4000 元现金，经过三天的人挤人参观游览后，小何总算平安地回到家中，跟着回到家中的还有信用卡对账单。小何仔细一看，银行多收了 12 元的手续费。小何打电话到银行寻问，发现这多收的 12 元叫做“溢缴款领回手续费”。

小何整个人都震惊了，“我把钱放在银行里，不给利息也就算了，我拿回自己的钱，居然还要收手续费，还美名其曰‘溢缴款领回手续费’，真是令人气愤”，小何抱怨道。

好吧，既然我们没法逃避“被收费”的命运，我们就在有限的范围内看看，如何让自己少出点血。总的来说，四大国有商业银行的溢缴款领回手续费相对便宜，股份制银行收费较高。

以取出“溢缴款”1000元为例，我们来看看各家银行到底收多少。

表3.1 部分商业银行“溢缴款”收费标准

广发银行	免费	无论何种情况，领回“溢缴款”都免费
工商银行	免费	本地同行的溢缴款领回免费
农业银行	免费	本地同行的溢缴款领回免费
民生银行	免费或10.00元	异地同行溢缴款领回免费，跨行则收取领取金额的1%，最低1.00元手续费。
建设银行	5.00元	按提取现金金额的0.5%收取，最低2.00元，最高50.00元。且持卡人通过ATM机和柜台办理手续费相同。
中信银行	5.00元或30.00元	拥有中信银行“理财宝卡”（储蓄卡）的朋友，可以先将信用卡内的1000.00元转入这张储蓄卡再提取现金，这样的话，手续费按提取金额的3%收取，最低5.00元；如果持卡人直接从信用卡中提取1000.00元现金，无论是在柜台还是在ATM机上操作，都是按照提取金额的3%收取，最低30.00元，上不封顶。
中国银行	5.00元或12.00元	中行对“溢缴款”的收费标准根据卡种不同而收费不同，有些卡在本地同行的溢缴款领回是不收费的，但是一中行的基本卡为例，通过柜台领回“溢缴款”是按金额的0.5%收取，最低5.00元，最高200.00元；通过中行的ATM机领回是按照金额的1%收取，最低8.00元，通过其他银行的ATM机领回则最低12.00元。
浦发银行	免费或30.00元	持卡人通过浦发银行的柜台领回信用卡中的“溢缴款”是免费的，而通过ATM机领回信用卡中的“溢缴款”则按照领回金额的3%收取，最低30.00元。

信用卡的溢缴款增加了信用卡的信用额度，持卡人刷卡消费时，先使用溢缴款额度，待溢缴款使用完毕后，再动用信用卡的信用额度。但持卡人如果想要以现金的方式直接领回溢缴款，大多数银行都会收取手续费。

TIPS

最豪华的银行卡

万事达史密斯•班尼总裁卡是花旗银行专门为私人客户而设的信用卡，这款银行卡被众多客户评为世界上最豪华的银行卡。前提是用户的公司必须有100万美元资产，当然如果有500万美元用户会获得更多优惠。

持卡人使用总裁卡购买正价机票，可以获得指定商店的免费购物额，支付包机费，持卡人则可以获得在指定酒店免费入住三晚的优惠。

刷卡族，巧用信用卡——让我们“喜刷刷”

选信用卡就像选女朋友，没有最好的，只有最合适的。并不是所有人都喜欢温婉贤淑的女生，还有许多钟情“车太贤”般的“野蛮女友”。同样，只有认清自己的需求，才能找到适合自己的信用卡。

1. 信用卡巧选择

这么多家银行，怎么知道哪家银行的信用卡适合自己？消费者面对不同类型的信用卡，分不清哪张卡片性价比更高，林林总总的收费项目，更是让人头昏脑胀。

知己知彼，方能百战百胜。在我们享受信用卡带来的便利之前，应该好好了解各家银行信用卡的特点，然后对症下药，制定出使用策略，这样不论银行是上天入地的孙悟空，还是养马遛马的弼马温，我们都能一击必胜，不再吃闷亏。

其实，选择信用卡的关键在于适用性。不同的消费习惯，不同的消费偏好，需要选择不同的信用卡。挑选信用卡，需要着重注意每张卡的特点，只有针对性地挑选，才能找到适合自己的信用卡。

通过互联网，大家集思广益，笔者选摘了部分网友总结的各家银行信用卡特点。

表 3.2　部分商业银行信用卡特点

银行	信用卡优点	信用卡缺点
招商银行	申办门槛极低，积分永久有效；经常有超值的团购商品，活动和花样比较多；所有卡合一个账单，还款方便。	免息期最短是 18 天；网付限额太低，为 500.00 元。
交通银行	56 天超长免息期；支持支付宝，网付限额高达（10000.00 元）。	分期付款操作比较繁琐；假如持有多张交行信用卡，各张卡需要分别还款，不会自动统计所有卡的消费总和；积分不是永久有效。
中国工商银行	支持支付宝，而且可以做到无限额；本地取现无手续费。	没有 800 电话，400 也不对个人用户开放。
中国建设银行	取现手续费较低（0.5%）。	额度普遍偏低，提额缓慢；持有多张建行信用卡，各张卡需要分别还款，不会自动统计所有卡的消费总和。
中国银行	透支取现算积分。	销户还要去营业网点；额度低，通常只有 2000.00 元；800 电话只给长城国际卡用，透支取现不支持最低还款。
中国农业银行	56 天超长免息期。	初始额度偏低，农行卡普遍仅有 2000.00 元透支额度。
上海浦东发展	金卡可以在境外享受“花旗银行 CITI BANK”的特约商户服务；可以印照片；活动赠送礼品价值较高。	网点少；申办门槛高；要消费一定的金额才能免年费（普卡一年刷满 2000.00，金卡 5000.00）；透支取现手续费高（3%，最低 30.00 元）。
中国民生银行	积分价值高；分期不占额度；金卡享受律师服务，还有享受商旅预定（宾馆和饭店）优惠；ID 卡极富个性；取现无手续费。	网点少；支持支付宝，每次不超过 1000.00，每天不超过 5000.00。
广东发展银行	56 天超长免息期；有 48 小时失卡保障。	无 800 和 400 电话，而且客服电话都是由各地分行设立；网点少。
兴业银行	支持“财付通”还款；“金卡”可以享受机场贵宾厅服务。	无 800 和 400 客服；网点少；审核严格，申请通过率低；不支持网上购物。
中信银行	分期付款不占额度。	网点少；积分礼品价值较低。
中国光大银行	刷 3 次就可免年费。	无 800 电话；8.00 元积一分，积分目前还不能换礼；网点少；卡多的人（单人拥有信用卡数超过 6 张）基本不批。

如果您是习惯刷卡消费，那么有56天超长免息期的交行、农行、广发信用卡都是不错的选择；如果你是飞机场的常客，提供机场贵宾服务的兴业银行信用卡将会给您的旅行带来很多方便；如果你经常分期付款购物，选择分期不占信用额度的中信银行信用卡一定能给你带来很大的便利。

国有银行提供的服务范围比较广，网点数量大，适合经常与银行打交道的消费者；中小型的商业银行，虽然在服务范围和网点数量方面不占优势，但是让利的幅度相对较大，服务也更加人性化。

例如光大联通信用卡提供的通用积分可在全国所有的通用积分特约商户以及指定网站上兑换等值商品或服务，内容涉及衣食住行、吃喝玩乐等各方面。持卡人可凭积分账号登录通用积分网站进行兑换消费，还可以通过合作商户POS机刷卡，以统一分值实时兑换，若积分不足当次消费额，持卡人还能通过银行卡刷卡或现金补足。持兴业银行银座联名信用卡于周六在银座门店刷卡消费，可按实际交易金额获得双倍信用卡积分，消费越多，积分飙升得越快。

2. 天生购物狂——选一张能打折的信用卡

王小沫今年22岁，刚刚大学毕业，在北京一家贸易公司做翻译文员，月收入5000元。跟同年龄段别的女生一样，王小沫最大的爱好就是逛商场，她对商场的迷恋不是简单的热爱两字就能形容，简直到了痴迷的地步。每天上下班，王小沫都想在商场里走上两圈，看着琳琅满目的商品、光彩照人的橱窗，对她来说是种精神上的享受。当然，商场不是健身房，走上两圈总是能碰上些看上眼的宝贝，有时候是件小T恤，有时候是双打折的鞋子，虽然单价不高，但是累积起来，王小沫每个月在商场的花费将近2000元。

2000元对于月收入5000元的小白领来说可不算小钱，消费者直接付现或者刷借记卡，会错失很多优惠。这时信用卡的优点就显现出来，但是如何挑选信用卡可大有学问。

商场和银行为了吸引客户，经常会一起合作，推出联名卡，比如民生银行与北京华联的联名卡、华夏银行的丽人卡、工行的牡丹国美联名卡、兴业银行的西单联名卡等等，这些信用卡都是专门为爱逛商场的女生而设计。

可不要小看这些联名卡，它不仅具有普通银行卡的所有功能——存取现金、刷卡消费、转账等，还附加了一些新的功能。消费者使用联名卡消费不仅可以享受折扣优惠，还可以刷卡积分，积分不仅可以兑换礼品，还可以抽奖，假如运气好，抽到海南双飞游或是 iPad 2 也不是梦。

此外，银行还和航空公司、电讯公司等机构合作，推出专属服务的联名卡，例如中信银行的 STAR 高尔夫联名信用卡、招商银行的凡客信用卡、中信银行的淘宝联名卡等，假如你有某些消费偏好，试着申请这些服务于专属机构的联名信用卡将会是不错的选择。

3. 国外游玩——双币信用卡随身伴

张行大学一毕业就进了现在工作的这家外企，由于工作努力，人又聪明，3 年后就被提拔为公司驻北京的首席代表。目前张行月收入 3 万，在北京车也买了，房也有了，隔三差五还能跟女朋友去外国度假。

出国一趟，总是需要给家人、朋友带上点当地的纪念品，再加上食宿和交通费用，需要一笔不小的开支。带现金不太现实，办一本旅游支票手续太繁琐，这时候具有外币功能的信用卡就派上了大用场。

目前，国内各商业银行发行的信用卡包括两类，一类是单币信用卡，即人民币卡，另一种是双币种信用卡，这种卡是双账户，包括人民币账户和其他国家货币账户。

两种信用卡在国外都可以使用，但是单币卡只能在标有中国银联的网络上使用，通过 POS 机消费或者在 ATM 机上支取当地货币，采用的是人民币记账和结算，消费过程中会产生汇率兑换，很不合算。而双币信用卡不仅能在中国银联的网络上使用，也可以在指定合作商的网络上使用，例如 VISA 或是 MasterCard 网络。

在境外，中国银联的网络不像在国内这样遍地皆是，所以出国旅行准备一张双币卡以应不时之需是十分必要的。这些具有多账户的信用卡会收取一定金额的年费，但基本不会超过 300 元人民币。它们不仅能免去你不必要的兑换之苦，省下不小的一笔费用，甚至还能帮你赚钱。

境外使用银联网络，银联锁定交易当天（或记账日）人民币与当地货币的汇率，在经历了 20-56 天的信用卡还款免息期之后，如果还款当日人民币升值的幅度超过了 1%-2%，持卡人就可能因使用双币卡的外币账户而“略有盈利”。

针对有不同需求的朋友，我们介绍几张具有特色的双币卡，看看哪种卡片才是你的出门好帮手。

表 3.3　部分商业银行信用卡特点

双币卡	特点
中行欧元卡	欧元卡记账时采用的货币是欧元，结算时采用的货币也是欧元，记账和结算过程中不会产生外汇结算问题。 全球通行、消费积分、紧急支援、消费享受免息还款。
南航明珠万卡	国内首张特性卡。 具备航空公司、银行、发卡组织的三方优势。同时设有人民币和美元账户，可在国内有银联标志和全球三百多个国家和地区有 Master Card 标志的特约商户消费，境内消费以人民币入账，境外消费以美元入账。 持有这样联名卡的客户，可通过刷卡消费直接兑换南航飞行里程、享受多种航空会员奖励；以及享受广发卡行的商旅服务、瞬时通服务等全方位的增值服务。 同时，万事达卡国际组织每年在全球推出内容丰富的持卡人专享优惠活动，令持卡人获得不小收益。
中信 STAR 信用卡	持有该卡的客户可在休闲、商务旅游中，不限次数使用世界各地逾 450 个指定的机场贵宾室，包括北京、天津、上海、香港、澳门等。 将客户过去一年度的消费状况，于年底以报表方式呈现，让客户了解自己全年的消费脉动以利规划下年度的财务方向。 持卡人只要用该卡全额支付飞机、火车、汽车、轮船等这些定时定点的营运交通工具的费用或支付 80% 及以上的旅游团费，即可享有保险金额高达 500 万元人民币的全球旅游交通意外保险，同行配偶及子女齐享保障。

假如你去欧洲旅游，办上一张可以进行欧元结算的中行欧元卡，一定让你欧洲之旅更加完美；假如你是“空中飞人”，办上一张南航明珠万卡，既能累计飞行里航程，又能享受机场的贵宾服务，可谓一举两得；假如你是商务人士，办上张中信STAR信用卡，可以获得一张保险额高达500万的保单，为您的出行保驾护航。

具有双币结算功能的信用卡不仅方便快捷，更能享受银行提供的增值服务。不论持卡人是商务出国，还是旅行出国，这几款双币卡都是不错的选择。

4. 慈母手中卡，游子身上衣——出国留学也要准备信用卡

近几年，越来越多的中国家长将自己的孩子送到国外读书，前几年读研究生、博士，这几年读本科、高中、初中，留学生低龄化已成为趋势。

如何选一张合适的信用卡，既可以为孩子提供必要的经济支持，又可以监控孩子在国外的消费情况，成为所有送孩子出国读书的家长们必须面临的问题。

对家长而言，管理孩子在国外的花销是一件殊为不易又非常头痛的事情。其实，只要办上一张带有附属卡的信用卡就能解决所有问题。这种卡片不仅使用便捷，而且还能掌握孩子的财务状况，因为银行会将附属卡的账单直接寄给主卡持卡人。

附属卡可以共用主卡的额度，如果你觉得孩子还小，需要给他限定额度，那么你可以在办卡时，另外标明附属卡的授信额度或者拨打银行客户服务热线电话，根据孩子的用卡情况随时调整附属卡的额度。您还可以办理信用卡短信提醒业务，每月仅需三元，您孩子卡片的日常交易情况，就能实时以短信的形式发送到您的手机上，方便您及时掌握孩子的消费情况。

目前，多家国内银行为留学生专门设计了国际信用卡，并且同步推出极具吸引力的留学特惠项目，例如航空公司机票优惠、行李超额托运、行李快递优惠等等。下面，我们为有留学打算的家庭推荐两款比较实用的信用卡。

表 3.4　适合留学家庭的信用卡列表

开卡银行	卡片名称	特点
民生银行	民生—北京留学服务行业协会联名信用卡	该卡为人民币—美元双币信用卡，并设主副卡功能，为学生提供留学专享双重服务和双重保障。还款很方便，客户只需办理一张民生银行借记卡作为信用卡自动还款账户，银行将在最后还款日自动从借记卡账户将款项划转至信用卡账户用于当期还款。
中信银行	中信银行出国留学生信用卡	该卡主要面对有子女出国需求的家庭，并将旅行保障、全球统一客服热线、语言培训机构优惠等多项业务纳入服务范围之中。针对留学生消费的特点，该卡还专门增加了境外消费、境外还款的功能。同时，信用卡的免息还款服务，为用户提供延期付款的途径，以便其更好地利用现金。

这两张留学生卡的最大特色是设有附属卡。办卡时，家长申请主卡，留学生本人申请附属卡。孩子在海外的每笔刷卡交易，家长都会收到短信通知。这样有利于父母随时掌握子女的支出情况，也有利于小留学生们树立良好的消费习惯，既让孩子开心，也让父母安心。

5. 月光族如何使用信用卡——拖字诀

张小山是家中独子，家庭条件不错，从小花钱大手大脚，吃要好的，穿要漂亮的。今年七月，张小山刚毕业就光荣地加入了“月光一族”，每月3000元的工资还不到月底就花得一分不剩。同事结婚了，肯定得随个礼；领导得子了，这肯定要包个红包；就算是老同学聚会，也不太好推三阻四。张小山每到月底就愁眉不展，苦不堪言。

后来小山想到一个方法，凡是能使用信用卡的地方，绝不掏现金。超市买日用品，刷信用卡；网上买衣服，刷信用卡；手机要充值，刷信用卡；他把信用卡用到了极致。张小山利用信用卡度过月底的困境，等到发工资的那一天。

虽然月光族的消费理念不值得提倡，但小山使用信用卡的方法还是希望大家能够借鉴——用足免息期。

信用卡根据消费者的资信，透支额度差异很大，上到数十万元，下到几千元。但是有一点，每张信用卡都有免息还款日期——刷卡消费后，客户有权利在一定时间段内，只要全额还清欠款金额，就无需向银行或商家支付利息。月光族只要把“拖字诀”演绎到完美，总能迎来发工资的一天。

各家银行的免息还款期的长短不尽相同，最长超过50天。这段免息期可不算短，不仅可以帮助持卡人撑到下个月发工资，而且还能帮助手中有余钱的朋友做些短线投资，买点基金和股票等。

6. 你的还款账单日算对了吗?

算还款日，是个技术活，首先需要分清三个概念：记账日、月结日和还款日。

记账日：商户把客户的消费信息传送到银行入账的日子。在国内刷卡消费，交易日次日即可入账；在国外消费，可能要等若干天才能入账。

月结日：银行给客户出具月对账单的日子，一般为每月的5号、15号、25号。系统会根据每位客户的不同情况随机分配月结日，客户如果需要更改，可致电银行客服电话。

还款日：一般月结日后第18天为还款日，一般为每月的3号、13号、23号。

以招商银行的Young卡为例，如果小李在9月11日持卡在国内某商场消费，那么9月12日为银行记账日，9月15日，招行向小李寄送月结账单日，那么这笔透支消费交易的最后免息还款日就是10月03日，这样该笔交易的免息还款期为23天。

我们如何才能最大限度地用完银行提供的最长还款期呢？如果小李9月15日消费，16日银行记账，则该笔交易将被记入下个月结日10月15日，那么最后还款日为11月03日，就是说该笔交易小李可以享受49天的免息期。

假如小李9月11日在国外消费，9月16日银行记账，则该笔交易将被记入下个月结日10月15日，那么最后还款日将为11月03日，也就是说该笔交易小李可以享受53天的免息期。

普通持卡人要想把还款日期算准确，还真不是一件容易的事情，不过只要熟练掌握正确的算法，您就可以最大限度地用完银行提供的最长还款期，大大延长资金的使用周期。

7. 分期付款精盘算

小陈大四毕业，找了份不错的工作，最近他想把用了四年的台式电脑换成笔记本。但小陈刚刚上班，还属于赤贫阶级，又不好意思向父母张口，于是朋友推荐他用分期付款的方式购买，这样小陈不用一次性付清所有的钱。

虽然分期付款已不是什么新鲜事物，小陈也经常听人提到分期付款买房、买车，但是分期付款的费用如何计算、何时还款、选择哪家银行，小陈也就只知道个大概，却不了解细节。

分期付款手续费是按照还款期限长短和消费金额来确定的。一般期限越长，手续费标准越高，但是建行和浦发银行的信用卡分期付款期限越长，手续费越低，例如建行的3月期月手续费率为0.7%，6月期、12月期则为0.6%。有些银行规定分期付款期数越短或者越长，手续费越高，中间期数的反而最低。交通银行按金额规定费率，单笔金额越大，手续费越低。农业银行分期付款的手续费率固定为每月0.6%。

小陈准备分期付款购买一台价值4800元的笔记本，按照银行规定，分期3个月利率为2.6%、6个月利率为4.2%、12个月利率为7.2%。最终小陈选择了分12期付款。

每月还款本金为：4800÷12 ＝ 400（在免息期内没利息）

手续费为：400×7.2%=28.8（每期手续费为分期付款本金的7.2%）

总手续费：28.8×12=345.6

总计还款：4800+（28.8×12）=5145.6

虽然分期还款每月偿还金额小，不用付利息，但是消费者仍然需要缴纳一定金额的手续费。因此，持卡人有必要在消费前先把需缴纳的手续费算出来，如果加上手续费后，仍然可以接受，再刷卡也不迟。算来算去，其实分期付款的手续费并不低，以小陈买的笔记本为例，手续费都快占了笔记本价格总额的1/10，所以分期付款消费前，一定要精打细算，慎之又慎。

8. 小心“信用卡”被刷两次

一些朋友刷卡消费的时候，遇到刷卡失败的情况，持卡人输入密码后，刷卡机并没有退出凭条。这时，我们都会被要求重新输入一次密码，千万要小心，因为我们很有可能会被多次“收费”。

刘小姐在一家饭店请客，打算刷卡结账，可是输入密码后的很长时间内刷卡机一点反应也没有。收银员告诉她，可能是因为电脑故障导致操作失败，让她重新刷卡。刘小姐因为还要送朋友回去，没有时间多想，便重新刷了一次卡，这次机器非常爽快地吐出了一张打印凭条，刘小姐签完字就拎包走了。

很快到了当月信用卡的还款日期，刘小姐查询信用卡账单的时候，突然发现她有两笔金额相同、时间也相同的消费记录，两条记录都显示她在这个月某天晚上的10:30于某饭店消费1350元。

她很快想起了上次在饭店刷了两次卡的事情，“不是说第一次刷卡失效吗？怎么又把钱给扣了呢？”刘小姐心里很疑惑。幸运的是，刘小姐有个非常好的消费习惯：保留信用卡的刷卡消费凭条。

第二天，刘小姐拿着打印凭条找到这家饭店，要求查账。收银员虽然并不情愿，但是在确凿的证据面前也没有什么办法。饭店财务部门在查完账以后，发现果然多刷了一笔钱，很快便把多扣的钱还给了刘小姐。

如果没有打印凭条，我想刘小姐可能就没有那么顺利地拿到原本属于她的钱。很多朋友在刷卡之后，不看消费凭条，往往都是大笔一挥，签上大名了事，不注意保留刷卡凭据，随处乱扔，这是非常不好的消费习惯。

需要特别提醒的是，打印凭条上有信用卡的完整号码和持卡人的签名，如果随处乱扔，有可能会泄露持卡人的私密信息。因此，要销毁打印凭条，正确的方法是撕碎，而不是揉成一团扔掉。凡是涉及到资金支出，消费者需要特别小心，务必仔细核对消费凭条上的消费卡号、消费时间和消费金额，这样才能保证账户资金安全的万无一失。

分析了这么多信用卡的使用方法，最后想跟大家讲一个关于信用卡的笑话：一个中国老太太和一个美国老太太在天堂相遇，中国老太太说："我攒够了３０年的钱，晚年终于买了一套大房子。"美国老太太说："我住了３０年的大房子，临终前终于还清了全部贷款。"

信用卡提倡的生活方式，其实跟笑话里美国老太太有点相似，先享受后付钱。自 1986 年中国银行发行第一张长城人民币信用卡，信用卡走入中国已 20 多年，虽然关于信用卡究竟是利大还是弊大的争论从未停止，但是它免去了人们携带现金的苦恼，方便了个人理财，累积了信用记录，使消费变得更加安全。不得不承认的是，信用卡已经改变了中国人的理财观念和消费方式。

TIPS

中国人的第一家银行

中国通商银行是中国人创办的第一所银行。1897 年 5 月 27 日，中国通商银行在上海外滩 6 号成立，实收资金 250 万两，100 万两来自盛宣怀主管的轮船招商局和电报局，78 万两来自李鸿章等官员投资，其余为商股。1898 年该行发行纸币，1912 年以后停止使用。1935 年，通商银行在白银风潮中面临危机，被中央银行、中国银行、交通银行控制，成为"小四行"之一，杜月笙出任董事长。1949 年，中国通商银行由新政府接管，1952 年实现公私合营。

第四章

网银——勇于尝新省钱多

这样用网银，你就 OUT 了！

1996 年，招商银行率先在国内启动了网上银行服务，成为了电子支付领域“第一个吃螃蟹的人”。从此，网银正式走进了人们的生活，它将银行业务转移到互联网上，使服务变得更便宜、更方便、更快捷。持卡人足不出户便可进行网上交易。

根据互联网数据研究公司易观国际的研究，截至 2011 年，国内已有 88 家商业银行开设了网上银行业务，超过 3 亿人注册开通了网银，约占网民总数的 60%。

2011 年，中国网上银行市场的全年交易额达到 553.75 万亿元，相当于全中国的沃尔玛年销售额总和的 2 万倍。网银俨然已经成为百姓生活中不可或缺的一部分。

在某国企工作的杨先生是网银的“忠实粉丝”。“方便、便捷、高效”杨先生用这三个词语来评价网上银行服务。杨先生开通了工商银行、招商银行、中信银行等多家银行的网上银行，通过网银查询工资单、年金；购买基金、黄金、国债、外汇等银行理财产品；转账、汇款；缴纳水电费、手机费、电话费、燃气费、物业费等。

“除了大宗现金业务，柜台上能够办理的各项业务基本上都能用网银轻松搞定。”杨先生说，省去了银行排队的时间，极大地提高了办事效率，“现在不使用网银就跟不使用手机一样，根本适应不了。”

网银服务成本相对较低也是吸引客户的重要原因。以招商银行的转账业务为例，招商银行的一卡通用户在柜台办理异地同行转账业务，需要缴纳转账金额0.5%的手续费，上不封顶，用户如果转账100万，则需要缴纳手续费5000元。用户通过网银办理同样的业务，手续费只有转账金额的0.2%，最高50元。通过网银办理业务省时，不用去银行柜台，不用排队；省力，轻松点击鼠标，敲击电脑键盘就可以完成；最关键的是省钱，手续费少了4950元。

网银有诸多好处：“可以…，可以…，还可以…。”但是N个“可以”也敌不过一次“万一”：万一您的网银被盗了呢？

如果您在百度搜索里输入“网银被盗”四个字，搜索结果触目惊心，各种关于网银安全问题的报道不绝于耳。2009年3月15日，央视“3•15”晚会曝光了木马制作者利用木马病毒盗取大量用户网上银行信息的内幕，一时间人人自危。网络安全一直是笼罩在电子支付系统上的一片阴霾，五花八门的网络盗窃技术让老百姓防不胜防！

事件回放一：支付1元，被盗9000

“上午在网上支付了1元钱，下午银行卡中的9000元竟然不翼而飞。”谈起自己的网上银行账户被盗的经历，舒小姐至今又气又恨。

某日，舒小姐偶然发现了一个销售手机的网站。“我看中了一款诺基亚LG970，商场里卖三千多元，但网上价格只有2000元左右。虽然我也怀疑过网站的真假，但如此便宜的价格还是让人很心动。”安全起见，舒小姐用网银先支付了1元钱以试真假。

“上午支付了1元钱，下午我的手机就收到数条网银支付通知！”徐小姐赶紧登录网银系统，但为时已晚，她发现自己的网银账户被人分3次转账，卡里的9000元不翼而飞。徐小姐立马拨打购物网站的联系电话，但提示音显示对方是空号。

徐小姐十分后悔，“一时只顾贪便宜，却没想到这家购物网站会利用用户的注册信息，攻击客户网银账户。”

事件回放二：10 分钟流失 1 万元

某日，宋女士发现一家数码产品的销售网站有优惠活动，可以用 6 折的价格购买一款新型号的单反相机，这让她有点心动。

谨慎起见，宋女士核实了网站的安全备案，浏览了留言框内的网友评价，发现没有任何问题。于是，宋女士登录卖家提供的转账网页，输入网银卡号和密码。一分钟后，宋女士的手机源源不断地接收到卡内资金被取走的短信提醒，她这才明白中了骗子的诡计。于是她立刻拨打银行电话要求冻结网银，但是就在冻结手续完成前的短短 10 分钟里，她卡内的一万余元已被取走。看着源源不断发来的手机短信，眼睁睁地看着钱一点一点的从卡中流失，“那种滋味真是痛不欲生！”宋女士回忆道。

上述案件只是网银被盗案件中的冰山一角。据不完全统计，仅 2010 年，全国就新增网络木马病毒近一千八百万种，平均每天新增的与网购相关的诈骗网站约一千五百个，全年客户被盗走资金总额达数千万元。

诈骗短信、“钓鱼网站”、“木马病毒”等骗人手段数不胜数，“网银大盗”的杀伤力着实让人害怕。

许多犯罪分子利用某些商务网站过于看重经济利益的心理，高价租赁一个网页，在上面发布虚假信息，进行诈骗。而这些电子商务网站只顾收取租金，却不去审查网页租赁者登载的内容是否属实。这样的网络商业环境给了犯罪分子可乘之机，造成了现在网络诈骗案件频发的局面。

然而，上述所有的因素都是外在的，犯罪分子能够有机可趁，不仅仅是银行和无良网站的责任，作为消费者，我们又该如何安全地、正确地、有效地使用网银呢?

1. 密码设置简单化

某男青年张某因为涉嫌从他人网上银行账户中窃取数万元人民币而被警

方抓捕。在受审过程中，张某交代了他的犯罪过程：他在网上搜索到了淘宝商户李某和颜某的银行卡账号和QQ号码，然后以买东西为借口，通过QQ骗得了李某和颜某的身份证号码，并利用他们的身份证信息成功破译了二人的网上银行密码。

之后，张某用李某和颜某的账号在网上购买飞机票等大额物品，成功划账后，他再以退货为由，让供货单位将票款退回其指定的另外一张银行账户内。截至案发时，张某已成功盗走两名被害人3.8万余元。

张某说："我的方法很简单：在百度里输入"中国工商银行95588"后，网上就会显示很多商家的银行账号。我专门挑选那些留下QQ号的商家，在套取到对方的身份证号码后，以身份证上的生日当作密码，有两个账号，我成功了。"

用户把密码设置成自己或者亲人的生日，这种情况非常普遍，尤其是在一个人持有多张银行卡的情况下。持卡人将所有银行账户的密码设置成一样的，并且用自己最熟悉的数字串作为密码，比如生日、手机号码、座机号码、家庭住址门牌号、身份证号码、邮政编号等等。这些信息都是持卡人的基本信息，很容易被不法分子通过各种途径获得。

21岁的贾某是北京某家高级健身俱乐部的员工，主要做前台接待和收银工作。由于工作的原因，他能轻松获得每一位俱乐部会员的详细个人信息，包括出身年月、身份证号码、联系方式、家庭住址以及用来定期交会员费的银行卡号。

贾某利用这些信息，先后从7名会员的银行账户中盗取了近20万元的巨款。"原来想要获得会员的密码这么容易！"他后来这样对公安人员说，"每一个人的信息我都有，我就用上面的数字来回组合，一个一个试，利用网银将钱转到我自己的卡里。"说到这里，他翻出一张纸，上面赫然列着所有会员的信息。

还有一些持卡人的账户密码虽然不是来源于个人信息，但也十分简单，通常为简单的数字组合，如123456、654321、666666、888888、999999等。警方曾经做过一次调查，银行卡诈骗犯拿到一个新的账户，最先试的密码，就是这几组号码。

还有一些持卡人将过去使用过的密码搬过来，重复使用。例如，有些人的网银密码与他注册过的网站账户密码相同，一旦网站的密码泄露或被攻破，很可能会殃及网银。

南京网友小米的社交网站的用户名和密码被盗了，但她没在意，觉得反正不花钱，就重新注册了一个，谁知道没过两天，她的网银账户就被人盗窃了数千元。原来，小米为了省事，微博、邮箱和网银账户都使用相同的密码，结果她的社交网站账户密码被盗后，网银账户也跟着“遇难”了。

网银虽然安全系数较高不易直接被破解，并不是绝对的安全，一个不留神，我们就有可能成为受害者，所以请用户务必为网银设置单独的、高安全级别的密码。

一般客户去银行开户的时候，会被告知尽快修改初始密码，因为初始密码太过简单，很容易被破解，这时候您可千万不要省这点时间，密码安全才能保护账户的安全。

比如建设银行的银行账户初始密码为6个8。2007年11月，建设银行总行在全国范围内下发文件，要求客户必须更改初始密码，然后才能正常办理业务。建设银行认为，许多企业为员工发放工资时，大多是向银行批量办卡，因为不是自行办卡，员工常常会忽略更改密码，所以建设银行出台这种强制性措施，目的是为了保护用户的账户安全。

那么，持卡人应该怎样设置密码才能确保账户安全呢？

银行账户的密码一般为6位数字组合，我们应该尽量设置那种自己很熟悉而别人却想象不到的数字串，最好是连自己也不清楚有什么意义和规律，只要能牢记就可以。

安全的密码应该包括至少两种类型以上的符号，比如大小写、标点符号、数字和字母。例如，“A27、bU”。此外，持卡人还应充分利用密码长度的上限，比如按规定最多允许设置10位密码，我们就不要怕麻烦，尽量设置10位密码，密码位数越多，我们的账户就越安全。

有些银行的网银账户可以使用除了数字以外的字符，这时候，持卡人可以将密码设置成不同类型的字符串或复杂的字符组合，这无疑为网银账户添加了一道防火墙。

密码是网银账户的最后一道防线，因此高强度的密码是网银安全的根本保障，如果密码过于简单，那么所谓的其他保护措施也就没有太多意义。

2. 网银操作“粗糙化”

1）办理安装篇：

① 胡乱填写注册资料

很多人申请开通网银账户时，不认真填写注册资料随意填写提示问题，这是一个不小的隐患。一旦用户将来发生账户被盗或者忘记账户密码等问题，银行系统就会用各种提示问题来核实用户的身份，用户如果回答不上这些问题，会给自己造成很大的麻烦。

因此，用户开通网银时，一定要认真填写注册资料。一般情况下，除了姓名、身份证、出身年月等基本信息外，能够联络到客户的通讯地址、联系方式和各种提示问题等都必须认真如实地填写。

② 多个账户，一个密码

一些用户拥有多个账户，为了记住密码，于是将所有账户设置相同的密码，这种做法非常危险。如果用户的一个账户密码被盗，其余的账户也很难幸免，用户面临的将是所有账户的“沦陷”，损失可想而知。

因此，用户最好采用系列密码来控制自己的各个账户，不同账户设置不同密码，而且要保障密码之间的差异性足够大。为了便于记住多个密码，用户可以让密码之间有规律可循，但前提是与个人信息无关。

此外，用户应尽量保证网银登录密码、支付密码和数字证书密码各不相同。这样做就好比为房间安装了三层不同型号的“防盗门”，小偷即使撬开了第一扇门，还有两扇完全不同的门，最后只能放弃了。

只要有设置密码的环节，用户应尽量设置全新的密码，不要放过任何可以提高账户安全性的机会。

③ 从不更换密码

用户“十年如一日”，长期使用一个密码，这种做法会增加账户的风险。因为一个密码被使用的时间越长，暴露的几率也就越大，用户长期不换密码，很容易被别有用心的人盯上。

因此，建议用户定期更换密码，但是也不要太频繁，否则自己也记不住了。用户可以根据自身情况，设定一个合适的周期，比如一个季度或者半年，一个周期过后更换一次密码。用户没有必要每次都换一个全新的密码，笔者建议用户准备 2 个到 3 个常用的高强度密码，定期来回更换使用。

④ 在公用电脑上安装安全证书

用户有时候需要在他人电脑或公用电脑上安装安全证书并使用网银，这样做虽然可以满足暂时的需求，却也给账户带来风险。因为像安全证书这样高度机密，直接关系到网银账户安全的资料，一旦落入他人手中，账户便危在旦夕了。

公用电脑使用人数众多，大家在电脑上频繁地插入、拔出 U 盘，电脑很容易感染外部设备带来的病毒，如果安全证书被传染上病毒，后果可想而知。

因此，用户应尽量避免在公共电脑上使用网银，更不要安装安全证书，如果情况特殊，必须安装，用户也要先杀毒，操作结束后卸载安全证书，清除网页缓存、浏览痕迹和注册信息表等，以防万一。

⑤ 随意安装来历不明的程序

我们经常可以在某些网页上看到“安装网银辅助程序或补丁”这样的提示。奉劝您这时千万不要轻信，因为这可能是钓鱼网站。各大银行的网银安装过程是非常完善、正规、严谨的，用户只要按照指示完成安装，就不需要再安装其他任何辅助程序。如果网银系统出现问题，我们需要做的第一件事是拨打银行的客服电话，根据提示进行操作。

2) 出入账户篇：

① 使用搜索引擎或网站链接

在记不住银行网址的情况下，您是不是会去搜索引擎输入“某银行”，然后再点击进入？又或者，您正在浏览网页，看见“某银行”的链接，顺便进去看看自己的网银账户呢？如果您有上述习惯，那么笔者很郑重地告诉您：这可不是什么好习惯。

通过搜索引擎和链接进入的网站可能是一些钓鱼网站或者虚假网站。这些网站与真的银行网页极其相似，没有防范意识的消费者很容易上当受骗。

用户应该按照正确的步骤登录银行网站，正确的做法是在浏览器的地址栏里直接输入银行网址，然后登录。用户进入银行主页后，还需仔细检查右下角挂锁图标对应的备案证书信息，以确保网页的真实性。正规的网上银行都会在当地工商局进行备案，方便用户访问工商局网站进行核查。

② 频繁进入账户

刚用网银的新用户会在一天之内多次进入账户，这里查一查，那里看一看，似乎一会儿不进账户里瞧瞧就不放心。其实，这个习惯很不好，用户进入账户的次数越多，信息泄露的可能性就越大，越容易导致账户信息被黑客盗取。假如电脑已经感染病毒，用户在短期内每登录一次网银账户，密码就多一分被破解的危险。所以用户不宜太频繁地出入网银账户，一般在交易过后检查一下账户即可。

③ 通过网络代理进入帐户

私人提供的网络代理服务，周期短，价格较低，经济条件不好的用户会选择使用代理服务。但是通过网络代理登录账户，会在服务器中留下用户痕迹，如果有人别有用心，会很轻松地找到用户的信息。一旦发生意外，损失可能远远大于省下的几百块钱上网费用。

④ 操作结束后，不点击“退出”就直接关闭浏览器

许多人用完网银后，直接关闭网页，风险就在这个简单的动作中诞生了。因为关闭了浏览器并没有真正地关闭网银系统，很容易泄露信息。因此，操作结束后，用户应先点击页面上的“退出登录”，完成退出后再关闭浏览器。

⑤ 在公共场所、公用网络使用网上银行

用户应避免在网吧、图书馆、咖啡厅等公共场所使用公用网络登录网银，以防他人安装监测程序或木马程序窃取您的账号和密码。

如果遇到特殊情况，确实需要使用网银，那您起码要检查一下任务管理器，看看有没有不正常的进程在运行，退出账户之后，请记得清除网页的密码保存和信息记录程序。

⑥ 登录网银账户的同时登陆其他网站

这是典型的错误操作！

登录网银的同时浏览其他网站，可能会有其他网站的恶意代码窃取访客电脑上的信息，并利用这些信息攫取用户的账号和密码。正确的做法是关闭其他网站，然后再登录网银。

⑦ 同时操作多个账户

有些用户喜欢同时操作多个网银账户，这是非常危险的。如果一个账户被盗号病毒感染，会马上波及其他账户，最终导致所有的账户同时被盗。所以，用户使用网银时切记不要同时登录多个账号，一定要退出前一个再进入后一个。

⑧ 从不检查交易记录

如果您用“需要的时候使用，不需要的时候就置之不理”的态度对待网银，网银可是会“发脾气”的。如果用户从来不检查网银账户，就无法及时了解账户的信息，最后可能连账号被盗了都不知道，错过采取补救措施的机会，只能默默地承受损失。

吴某去年 11 月在中国银行某支行开通了网银账户，当时存款 3000 元，但是今年 3 月某日，她使用该账户付款时，发现账户中有 689.2 元被无故扣除了。她于是来到中国银行的柜台查询，银行工作人员告诉她扣除的款项是银行为中国移动通信公司深圳分公司托收的手机费。吴某大吃一惊，因为她根本就没用手机。工作人员认为吴某的账户可能被盗了，不在银行的责任范围内。

因此用户有必要定期检查账户，同时养成及时核对账户交易明细的习惯，随时掌握账户变动情况，一旦发现异常，才能及时采取措施。

3) 网络安全篇：

① 电脑没有防护措施

在电脑没有任何防护措施的情况下使用网银是十分危险的。木马病毒乘机而入，潜入您的计算机，这时使用“中毒”的电脑登陆网银，很容易被黑客窃取账号和密码。

所以，请您切记，一定要在电脑上安装杀毒软件并定期更新，并开启防火墙。有些网上银行提供了专门保护客户终端安全的软件，例如中国工商银行的“工行小 e”，您不妨安装使用。

② 从不清除网页垃圾

我们浏览网页时，浏览器里会残留很多临时文件和垃圾文件。比如，信息记录程序、网页浏览痕迹、缓存、垃圾注册表等，它们很可能会成为病毒或者木马程序的温床，对您的账户安全构成威胁。

③ 使用非主流的浏览器

时代在进步，个人需求差异化，很多人喜欢使用一些非常有特色的浏览器，但是为了您的账户安全，笔者还是推荐您使用主流浏览器。虽然非主流的、小众化的浏览器个性十足，但是安全系数却无法与因特尔、遨游、360 等常用浏览器相提并论。

3. 面对陷阱“弱智化”

2004 年 12 月 7 日，互联网上出现了一个假的中国银行网站，该网站的行标、栏目、新闻、地址和真的中国银行网站一模一样。内蒙古呼和浩特的一位市民，因为登录了这个假网站，卡里的 2.5 万元莫名其妙地不见了。随后不久，假中国工商银行、假银联、假农业银行网站相继出现，一时间网银安全成了热议的焦点。

不法分子为了诱骗、欺诈、盗窃用户网银，可谓煞费苦心，时下横行网络的钓鱼网站就是他们的惯用工具。所谓的钓鱼网站，就是欺诈网站，它们通常伪装成银行网站、中奖网站、购物网站等，骗取用户的银行账号、QQ账号、游戏账号，造成用户的财产损失。根据《2010中国电子银行调查报告》的数据，2010年新增“钓鱼网站”175万个，比2009年增长1186%。欺骗人数最多的十个“钓鱼网站”，半数以上为假冒购物网站和假冒银行网站。

犯罪分子通过邮件、短信、虚假链接等手段引诱用户上钩，连哄带骗什么手段都使，可谓无所不用其极。

某日，刘女士收到一条短信，短信称刘女士在某购物中心刷卡消费了2350元，刘女士如有疑问，可拨打短信末尾的咨询电话。于是刘女士立刻拨打电话，否认有过这笔消费，对方称可能是她的银行卡被盗，要求刘女士立刻报案，并留下了所谓的“报案电话”。刘女士于是又拨打“报案电话”，交代完情况以后，将身份证号、网银账号，甚至密码等信息如实相告。电话那边的“公安机关工作人员”称他们已受理案件。随后不法分子登录刘女士网银账户，将其中的5000元资金全部转出。

犯罪分子利用消费者对银行系统不够了解，先以“危机”的形式引起消费者的恐慌，然后通过一系列逼真的情景模拟让消费者放下防备，成为乖乖上钩的温顺绵羊。类似的诈骗手段还有很多，比如“银行系统需要升级，要求客户查询账户”、“您的银行账户出现异常，已冻结，请登录xx网址进行解冻”等。

最难防范的并不是这些“恐吓”信息。最可怕的是许多用户经不住各种优惠的诱惑，中了犯罪分子的糖衣炮弹。

网友小潘说：“一些网站，例如大众点评网，饭统网等经常有优惠券，所以当我看到淘宝店可以下载优惠码时，并没有产生任何怀疑。”下载、解压缩、运行，一切正常，小潘随即支付600元拍下了觊觎已久的iPod。可等了很多天，也不见卖家发货，小潘查询支付宝的交易纪录后，心彻底凉了——支付宝上根本没有交易记录，自己被钓鱼了！

对此，专业人员解释："下载文件在解压后会生成一个名为'优惠码购物生成'的木马文件，随后木马病毒篡改了网银付款的设置。也就是说，付款之前的流程都没有问题，但在付款时，会自动跳转到其他付款平台，网友的钱实际上付到了骗子的口袋里。"

这种诈骗手段太隐蔽，普通消费者难以防范。但有些情况，消费者不能将责任推给他人，而是应该反省自身的动机。很多人看见"折扣"、"优惠"、"免费"等字眼时，便丧失了理智，直往不法分子设计好的"圈套"里钻。寻求实惠、"花小钱办大事"是人的正常心理，但是我们一定要考虑到风险，类似"1元抢购手机"这样的广告，我们怎么可以轻信呢?

消费者在网上购物时，应尽量选择熟悉的购物网站。去陌生的购物网站，需要加倍提高警惕，如果无意购买，不要留下个人资料。此外，对来历不明的优惠活动保持警惕，切莫贪图小便宜。

网银用户只有树立了强大的安全意识和防范观念，才能保证自己不为某些迷人的"诱惑"所迷倒，不为某些阴谋所算计。犯罪分子再狡猾，也只是在诱骗的手段上不断翻新，只要我们不为"百年难得一遇的折扣"、"不合情理的优惠"等华而不实的广告所动，他们也无计可施。在"大忽悠"面前，消费者练得一手防身术，网银诈骗也就没有什么施展拳脚的空间了。

TIPS

奇特的“人体零件”银行

世界上有许多存储“人体零件”的银行，它们收集捐赠者的器官，然后提供给有需要的人。例如，美国有肾脏银行和皮肤银行；斯里兰卡有眼睛银行；日本有头发银行和耳朵银行；丹麦有牙齿银行。这些银行已经运行多年，为世界各地许多人提供了帮助。

巧用网银，学做“逃费”达人

网上银行已经逐渐成为人们生活中不可缺少的一部分。目前，国内各大银行都开通了网上银行业务，用户使用网银，需要向银行交纳一定金额的手续费，哪家银行的收费标准低？哪些业务需要缴费？哪些业务是免费的？

1. 货比三家省钱多

1）工本费用差别大

用户通过网络申请的网银只能查询和挂失账户，如果想使用转账、汇款、支付等更多功能和服务，则需持本人身份证和借记卡到相关银行的柜台办理，这就涉及到手续费的问题了。

在柜台办理网银业务时，银行会根据情况，向客户推荐大众版和专业版两个版本的网银，前者收费较低，安全证书的级别不高，多为数字证书和动态口令卡，后者需要客户购买较高级别的安全证书，一般为 U-KEY 的形式，价格从 20 元到 200 元不等。

动态口令卡除了中国银行和建设银行每卡分别收费 100 元和 3 元外，其他银行基本上都是免费的。U-KEY，又称“U 盾”、“网盾”，相对而言，应用得较为普遍。收费上，各银行差距较大，从整体来讲，股份制银行的收费标准相对较低。

表 4.1 部分商业银行 U-KEY 价格（均价）

银行名称	U-KEY 价格	银行名称	U-KEY 价格
工商银行	60.00 元	交通银行	70.00 元
建设银行	64.00 元	农业银行	50.00 元
招商银行	60.00 元	北京银行	60.00 元
民生银行	40.00 元	光大银行	40.00 元
华夏银行	40.00 元	中信银行	40.00 元
浦发银行	36.00 元	兴业银行	25.00 元

需要指出的是，有些银行根据卡片的种类、地域、时间调整安全证书的收费标准，比如建设银行的金卡、白金卡、理财卡客户花 50 元就可以买到一个 U 盾。用户开本工商银行的金卡可以免费办理 U 盾，普通卡则不能，但工商银行有时会免费赠送 U 盾，或按 20 元的优惠价格出售。每家银行几乎都有一些优惠活动，所以有开通网银需求的朋友应该尽量选择在银行推出优惠的时候办理。

2）手续费用也不同

哪家银行网银收费最便宜？比比才知道。

工商银行、中国银行、建设银行、农业银行、交通银行等国有银行相对于股份制银行和地方小银行而言，收费相对偏高。以异地同行转账为例，建设银行每笔最低要收 2 元，工商银行 1.8 元，其它银行多为 1 元。交行的上限最高，为 50 元，工商银行为 45 元，而其它银行一般在 20 元左右，有些股份制银行只收 5 元，有些甚至免费。

①同城同行转账

目前，几乎所有银行都不收取同城同行转账手续费用。

②同城跨行转账

同城跨行转账，除了兴业银行免费外，其他银行都收取不等的转账费用。其中，中国银行和北京银行最高，收取 5 元，华夏银行和农业银行最低，收取 1 元。

③异地同行转账

目前，异地同行转账，兴业银行、北京银行、恒丰银行、渤海银行、浙商银行免费。招商银行单笔最低 5 元，浦发银行、深发展银行、光大银行 2 元，大部分银行最低收取 1 元。也就是说，如果用户异地同行转账金额在 1 万元以下，不同银行的手续费相差 5 倍以上。

④异地跨行转账

浙商银行、渤海银行等小银行收费较低，每笔 1 元。广发银行异地跨行转账，按用户转账金额的 0.2% 收取手续费，农业银行、建设银行按转账金额的 0.5% 收费，中国银行 1 万元以下统一收取 5 元手续费。

光大银行目前推出优惠，用户办理异地跨行转账业务，费率在原本 0.5% 的基础上打三折。

平安银行对网银跨行和异地汇款项目实行免费政策，绝对是国内最优惠的银行。

我们的宗旨是：选产品，货比三家，怎么省钱怎么办！笔者在附录 2 中收录了 14 家银行网银业务收费的细则，消费者可以根据自身需求进行查询，找出最优惠的转账方式。

2. 以支付宝为代表的第三方支付平台

第三方支付平台是指一些和国内外各大银行签约，并具备一定实力和信誉保障的第三方独立机构提供的交易支持平台。国内市面上比较常见的第三方支付平台有支付宝、快钱、易宝支付、拉卡拉、环讯支付等。据易观国际最新发布的数据显示，2010 年中国互联网在线支付市场中，支付宝以 51.2% 的市场份额稳占半壁江山，财付通、快钱为分别位居第二和第三。

通过以支付宝为代表的第三方支付平台，消费者不但可以进行网络购物，还可以进行信用卡还款和转账结算，甚至可以完成手机和公共事业缴费。

1）网络购物

消费者把钱转到第三方支付平台，再通过第三方支付平台付款，淘宝适用的就是这个模式。这种模式对消费者而言，有什么好处呢？

很重要的一点，支付宝提供交易担保，消费者付款后，钱暂时由支付宝公司托管，待买家收到货物确认没有问题后，点击“确认付款”，支付宝公司才会把款项打给卖家。如果消费者对买到的东西不满意，可以向支付宝公司申请退款。

小娜是安利的推销员，刚开始做产品推销的时候，她因为收款的问题苦恼了好一阵子。小娜的顾客大多是高校学生，所以她一般先将产品信息放在高校的论坛上，有需要的顾客需要先把钱打入她的银行账户，然后她再给顾客发货。不过，在货品拿到手之前，很少有人会愿意先付款。后来，小娜改用支付宝，这样买家不必直接把钱打给小娜，消除了顾客的疑虑，小娜的业绩一下子上升了不少。

支付宝在这里不但起到了支付终端的作用，更起到了“担保人”的中介作用，公平公正的市场环境让我们消费者更加放心地购物。

此外，支付宝公司经常推出优惠活动，例如优惠券或者“红包”，消费者领取优惠券或者“红包”就能在购物时作为抵价券使用，从而减免一部分费用。

现在越来越多的购物平台都支持支付宝付款功能，比如卓越网、当当网、京东商城等，已经不仅仅局限于淘宝网户。根据最新的调查显示，目前支持支付宝交易服务的商家已经超过 46 万家，涵盖了虚拟游戏、数码通讯、商业服务、机票等各个方面，极大地方便了消费者购物。

2）信用卡还款

“信用卡免费还款”，多么诱人的服务！第三方支付平台可以办到。

除了拉卡拉近期开始对交通银行和中国银行每笔交易收取2元的手续费以外，第三方支付平台全部可以实现免费跨行信用卡还款。这是被网友津津乐道的一个省钱小窍门，也是第三方支付平台最具魅力之处。

支付宝支持持卡人为23家银行的信用卡免费还款。其中，招商银行、工商银行、交通银行等17家银行当天到账，中国银行、建设银行、农业银行、光大银行等次日到账。此外，包括兴业银行、北京银行、南京银行在内的10家银行支持支付宝实时查询信用卡账单。

持卡人通过银行进行跨行转账，银行会收取转账金额0.5%的手续费，那么为信用卡跨行还款10000元，持卡人则需要向银行缴纳手续费50元。而持卡人如果通过支付宝进行信用卡还款，则无需支付任何手续费。“我一直都是用支付宝还款的，一年能省不少钱。”支付宝用户陈先生表示。

根据支付宝发布的数据，2011年国庆7天长假中，共有54万人使用支付宝为信用卡还款，平均每秒钟就有一名用户成功使用支付宝为信用卡还款。

此外第三方支付平台还提供还款提醒服务，提醒的形式包括发送邮件和短信提醒，提醒服务的日期可由用户自行设置，非常人性化。第三方支付平台的还款提醒服务完全免费，用户还款后，可以通过“个人账单查询”或“信用卡还款交易查询”来查看还款记录，非常简便快捷。

3）转账业务

支付宝、快钱等都推出了跨行转账业务，使用者只要登录平台，在跨行转账业务中输入收款银行名称、收款人姓名、付款行名称、卡号、付款人姓名、转账金额等内容，就能将资金直接转到指定的银行账户。

与银行的柜台和ATM机相比，第三方支付平台的收费要低很多，具有很强的竞争力。

普通会员转账选择2小时内到账，支付宝收取转账金额0.5%的手续费；次日到账，支付宝收取转账金额0.25%的手续费。通过这两种方式转账，金账户会员只需要分别交纳转账金额0.35%和0.175%的手续费。

稍作对比，我们可以看到，第三方支付平台的费率水平并不高，总的来说，与股份制银行网银收费水平相当，比国有银行网银收费稍低，在消费者的可接受范围之内。

对比网银，第三方支付平台还常常有优惠推出。据悉，支付宝跨行转账业务目前还处于优惠期，使用者有 3 次体验的机会，可以享受转账时服务费全免的优惠。

第三方支付平台的方便性，是众多网银无法比拟的。比如拉卡拉的手机汇款业务，任何人只要在拉卡拉输入收款人的手机号，就能完成汇款。

第三方支付平台内部账户间转账

目前，支付宝公司规定，用户在支付宝账户之间进行转账，在一定额度之内，支付宝不收取手续费，这就为消费者实现免费转账的愿望带来了可操作的空间。

例如，支付宝公司规定，实名认证用户每月的免费交易流量为 1 万元，非实名认证用户每月的免费交易流量为 1 千元。如果用户的交易量超出以上金额，超出部分就要按交易金额的 0.5% 付服务费，服务费最低为 1 元 / 笔、最高为 25 元 / 笔。也就是说，只要通过支付宝简单的实名认证，每位用户就有 1 万元的免费额度向另外一个支付宝账户转账。

如果转账额度大于 1 万元，怎么办？用户只能免费转账 1 万元，超出的金额可以通过其他品牌的第三方支付平台，因为除了支付宝，很多支付平台也有免费转账额度。

比如财付通的认证账户和非认证账户的免费额度分别为 5000 元和 500 元。也就是说，实名认证的支付宝账户和财付通账户加起来就可以有 15000 的免费转账额度，对许多人而言，这个数目足够用了。

小宋是大三学生，去年世界杯期间常和同学到酒吧看球，一晚下来，吃饭喝酒的钱要五六百元，费用大家平摊。但是大家经常没有零钱，小宋在多次打肿脸充胖子地说“不用给零头”之后，发现自己亏大了。想到不少同学都有在网上购物的习惯，小宋于是让同学们通过支付宝给自己转账，不用手

续费，而且还可以收齐“零头”。

支付宝用户在规定的额度内，可以给另外一个支付宝账户免费转账，在规定次数内，又可以给银行免费转账，面对两份“免费大餐”，还有谁能不动心呢?

进一步分析，您会惊喜地发现，通过支付宝居然可以实现不同银行账户间免费转账。

如下图所示，某人先用网银账户 1 给支付宝账号 A 充值，众所周知这是免费的。然后，他再通过支付宝账号 A 将钱打入支付宝账号 B，只要在 1 万额度内，这也是免费的。最后，他把钱从支付宝账号 B 转入网银账户 2，按照支付宝的规定，前 3 次是免费的。

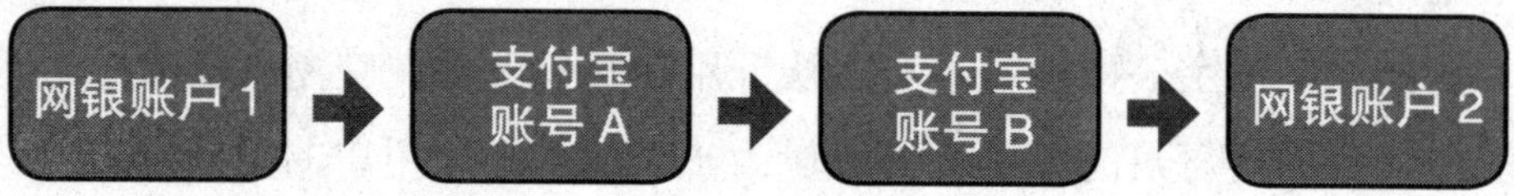

图 4.1　第三方支付平台内部账户间转账示意图

你发现了什么？全程都是免费的，对不对？就像变魔术一样，我们通过这种并不算复杂的操作，实现不同银行账户间完全免费地转账，左右倒腾一下，就能节省几十元。

第三方支付平台之间转账

为方便消费者，第三方支付平台之间也支持相互转账，而且手续费比较合理。消费者若想通过拉卡拉超级盾给支付宝充值，手续费按交易金额的 1% 收取，2 元起，10 元封顶，为支付宝交易付款的手续费按交易金额的 1% 收取，2 元起、50 元封顶；给财付通充值的手续费按照交易金额的 1% 收取，手续费 2 元起步。

第三方支付平台渐渐地囊括了几乎所有的转账业务，以其低廉的手续费用满足消费者多样化的转账需求。

4）免费生活缴费服务

所有的第三方支付平台都推出了免费生活缴费服务，用户可以通过第三方平台缴纳水费、电费、煤气费、供暖费、固话费、宽带费等各项费用，支付宝甚至推出了网上充值加油卡业务。用户只需登录第三方支付平台的相关页面，按照提示进行非常简单的网上操作，在几分钟内即可完成各种缴款。

此外，支付宝还可以代办交通罚款业务，许多朋友因为车辆违章被罚钱已经十分心烦，去银行排队缴纳罚单则让人更加郁闷，但是用户通过支付宝就可以足不出户的交罚单了，十分便利！

此外，一些第三方支付平台与中国联通和中国移动开展合作，用户不但可以通过第三方支付平台为手机免费充值，还可以享受打折优惠。例如易宝支付的用户，可以为全国的移动、联通手机充值，给移动手机充值打 9.7 折，给联通手机充值可以打 9.85 折，快冲 10 分钟即可到账，慢充 72 小时内到账。

第三方支付平台不断地推出新的服务项目，把生活助手的角色扮演得越来越好，广大的消费者则是最大的获益人，只要您愿意去挖掘，总能淘出各种优惠。

网络购物有担保、能打折，转账和信用卡还款免收手续费，足不出户进行生活缴费，所有这些都是第三方支付平台带来的优惠。借道第三方支付平台，我们不但能充分享受各种便利，而且还能省下不少银子。网络时代，省钱的办法不仅仅局限于传统的方式，更多地是依赖于像支付宝这样的网络平台。

3. 手机银行，省钱又省力

逛街购物没带钱包没带银行卡，怎么办？没关系，直接刷手机！

如果您在地铁里看见有人拿着 iPhone，逛着淘宝，最后简单地按按拇指，就买到了一件衣服，那么您千万不要惊讶。

目前，手机银行的服务内容已经囊括了跨行转账、贴身管家服务、账户投资管理、手机商城业务、手机充值、实时订购电子客票和酒店、预约

ATM 取现等。相比柜台、ATM 机、网银来说，手机银行是时下性价比最高的银行服务窗口。

1）使用方便

去年春节期间，张女士在外地游玩，突然想起自己的信用卡欠款还没有还，眼看着就要到支付日期了，她便试着用刚开通的手机银行进行操作。张女士打开手机银行界面，输入转账账号和金额，轻松一按，一笔款就汇到了自己的信用卡上。

假如您是手机银行用户，无论何时何地，您不需要电脑，也不需要网线，更不需要排队，就可以轻轻松松办理各种业务。手机银行就好比“贴身电子钱包”，可以代替各种银行卡，它又好比“掌上电脑”，可以代替网上银行，真是让用户做到“一机在手，走遍天下！”

2）省钱

随着 3G 网络、4G 网络的铺开，每天都用手机的我们可以多多尝试新产品，把银行带进网络生活，再把网银带进手机应用。手机银行带给我们的不仅仅是全新的体验，还有实实在在的优惠。

以转账 8000 元为例，如果去农业银行的柜台办理，客户需要交纳转账金额 1% 的手续费，最高 50 元，汇款 8000 元银行会收取 50 元手续费；客户通过网银转账，需要交纳转账金额 0.5% 的手续费，最高 35 元封顶，那么转账 8000 元，客户需要交纳 35 元的手续费。

客户通过手机银行转账，则不会交任何手续费。

手机银行是银行力推的全新业务。为了吸引客户，各大银行纷纷推出各种优惠。以工商银行的手机银行为例，跨行汇款 1 万元，网银手续费为 45 元，手机银行只要 25 元；通过浦发银行的手机银行同城同行转账，银行按交易金额 0.1% 收取手续费，跨行异地按 0.4% 收取；建设银行的手机银行的跨行转账手续费为交易额的 0.15%，比网上银行便宜 0.1%；光大银行的手机银行跨行转账手续费为交易额的 0.1%。各大银行手机银行的收费标准收录在了附录 3 中，大家可以查看相关信息。

3）优惠活动多

天涯论坛某网友写道：我经常出差，到了外地，人生地不熟，找银行网点很费劲。还好交通银行推出了手机银行，这下可方便了，转账汇款时，只要在手机上轻松输入对方手机号，几秒钟就可以搞定。今天我用手机银行网上购物，花 40 元竟然买到了价值 50 元的商品，我心想怎么会有这等好事，回去后查了交通银行的官网，原来手机银行正在做促销活动，每个注册用户都会获赠商品总价 20% 的抵价券，相当于打了八折。

还有“缤纷好礼百日送”活动，只要是手机银行注册用户，即可参加两轮抽奖，第一轮抽奖可获得惠普 2140 电脑笔记本电脑一台，每周有两台，总共 28 台。如果你第一轮没有抽中，那么马上可以参加第二轮抽奖，有机会赢取夏普色彩缤纷手机一部，每天两部，一共 200 部。好喜欢这两个奖品，刚好我想买一台笔记本电脑，如果让我中奖就好了！

浦发银行推出“礼享二重奏”，2011 年 1 月 31 日前通过网点柜面新开通并成功登入的客户可以赠送精美礼品一份，更有针对通过手机银行购买彩票、机票、电影票或汇款、自助缴费的用户的抽奖活动，奖品包括佳能 EOS 数码单反相机、50 元话费等。

面对这些实打实的优惠，手里拿着手机的您，难道不心动么?

消费者如果能熟悉并掌握网银、第三方支付平台和手机银行的各项业务，不但能节省开支，还能提高生活质量。其实，想省钱并不难，关键看您是否愿意改变思想、调整心态，勇于尝鲜，把新兴事物列入省钱的单子。

TIPS

为穷人服务的银行

孟加拉格莱珉银行，1983年由穆罕默德·尤努斯创立，被称为“穷人的银行”。这是一家专注于向最穷苦的孟加拉人提供小额贷款，帮助穷人实现个体创业的银行。

它的第一笔贷款是借给42个制作竹凳子农妇的27美元，这些妇女只需要这一点点钱就能够购买原材料做生意，她们因此永远摆脱了贫困。如今的孟加拉格莱珉银行已经拥有三百多万个借贷者，其中95%是原先赤贫的妇女，年贷款5亿美元，还款率99%。

第五章

银行理财——会烫手的『香馍馍』

小心银行理财的收费黑洞

手上握着闲钱，应该如何投资？想安心省事，把钱放在银行坐拿利息，这个想法可不太实际，如今物价猛涨疯涨，存款利率赶不上物价上涨的速度，今年存进买大别墅的钱，明年取出的只能买个三居室，想靠利息投资获利可行不通。

也许你想进入股市一展身手，但是论内幕消息，你比不上庄家大户；论操作水平，你比不上券商机构，天天盯盘，腰酸背痛，还赚不到网费和电费，炒股实在不适合我们这种小散户。假如你想炒楼，除了要有巨额资金的支持，还需要考虑房价下降带来的风险，小心一下子从百万富翁变成"负翁"。

难道我们真的要像葛朗台一样，挖个地窖把钱埋起来？其实大可不必，如今金融业这么发达，还是有很多赚钱的途径，银行就为我们提供了丰富的投资渠道和理财产品。

相对于股票等高风险投资来说，理财产品风险低，种类丰富，购买方便，期限灵活。对普通老百姓来说，投资银行理财产品并不需要像资深股民一样会看 K 线图（一种股票分析技术），也不需要构建复杂的金融模型，只要了解理财产品的投资期限、未来可能获得的收益等，就能做出选择。

随着银行理财的快速发展，银行已经形成了一条期限从长到短，风险从低到高的产品线，投资者可根据自己的风险偏好以及期望收益，从众多的产品中进行选择，实现资产保值增值的目的。

据普益财富统计，截止2011年7月中旬，商业银行共发行8512款人民币理财产品，人民币理财产品筹资规模达到6.37万亿，大多数理财产品的平均利率在3.24%到4.84%之间，少数理财产品的最高利率在6%-9%之间。

银行理财产品的收益率普遍高于同期存款利率，越来越多人选择投资理财产品。今年上半年，多家上市银行的收费收入出现40%以上的增长，其中，华夏银行、浦发银行和民生银行增幅较大，手续费及佣金净收入分别同比增加90.51%、80.69%和75.63%，其中理财产品的服务收费占了银行收入很大一部分，这些收费都是资产收益的黑洞，稍不留意就吞噬了投资者的收益。

1. 莫让获利遮蔽眼，小心收费降收益

如今越来越多的家庭将部分收入用来投资银行理财产品，笔者提醒大家千万小心银行针对理财产品的各种收费降低您的资产收益。

目前银监会针对理财产品的收费还没有出台相关规定，各家银行根据自身的产品成本自主定价。投资者买了一款理财产品，还没看到收益，各种服务费、保管费、管理费已接踵而来。最常见的收费项目有认购费、申购费、赎回费、产品年管理费、年托管费、超额收益业绩报酬等。

小丽办理存款业务时，在工作人员的极力推荐下，购买了20万元的结构型理财产品，预期年化收益率可达5%以上。6月下旬，该产品即时收益仅为3%左右，小丽便打算提前赎回，但银行表示需缴纳2%手续费，这还不包括之前交给银行的托管费、管理费等。小丽算了一下，如果办理赎回，已投资半年的资金不仅不能获得收益，反而还要交钱，还不如放在银行拿利息。

据各银行公布数据显示，部分银行发行的理财产品总费用达到投资金额

的1%-1.5%，一些期限较短的产品，年化收益不到5%，刨去费用，最终收益可能还不到3%。因此，投资者选择理财产品时，不能只看产品的收益率，还要看它的相关费用是多少，否则选择的高收益产品未必能得到最高的收益。

2. 零点几的收费率也是“大虎口”

银行理财产品是个“香馍馍”，但是这块“香馍馍”却很烫手，投资者想吃到可不容易。买银行理财产品最多要付6种费用，最高可达交易金额的3.3%。各家银行的收费标准差异也很大，有些只有百分之零点几，而有些则超过3%。

比如汇丰银行发行的一款开放式海外基金——富达基金，购买额度在40万元以下的费用为购买金额的2.5%，40万元至240万元的为2%，240万元以上为1.5%。

所谓“不收任何费用”，其实是从收益中扣。虽然每项收费只有百分之零点几，但累加起来，足以积土成山，聚沙成塔。

需要提醒投资者注意的是，如果一家银行宣称，自己的理财产品没有任何费用，那更需多加小心。网点营销的成本、管理成本等，任何一款理财产品都需要银行倾注大量资金，银行怎么可能不收任何费用？

另外，除非十万火急，别提前赎回，因为提前赎回投资的代价非常大，例如民生银行规定投资人提前赎回投资需要缴纳高达投资金额6.2%的费用，远高于理财产品的平均收益。

银行收费就像一张张开的虎口，吞噬投资者的资产收益，当投资金额比较大的时候，百分之零点几的收费率就会让投资者付出数千，甚至是数万手续费。因此，切莫对零点几的收费率漠不关心。

3. 对银行理财产品的四大认识误区

普通投资者，不具备专业的金融知识，往往陷入认识的误区，影响投资。

1）购买理财产品跟存款一样

购买理财产品并不等同于存款。理财产品是商业银行在对潜在目标客户群进行分析研究的基础上，针对特定目标客户群开发设计并销售的投资和资产管理计划。银行获得客户的授权，管理资金，投资收益与风险则由客户与银行按照约定承担。储蓄和理财产品在流动性、风险、收益、税收规定等方面都有很大区别。

①流动性：储户将钱存进银行，可随时支取，而理财产品的流动性相对较差，通常银行会事先规定产品终止的日期以及提前赎回的条件等。客户提前终止需要承担损失，何况银行并不会每日都开放赎回业务，对于急需用钱的投资者来说，即使投资者本人愿意承受收益的损失，也不一定能提前终止合同。

②风险：储蓄存款相对比较安全，您只需要面对通货膨胀和存款机构破产不能偿付本息的风险。理财产品的风险要视投资人的投资方式和投资标的而定，比如与利率挂钩的产品，其收益会随着利率的上涨下跌来回浮动，与汇率挂钩的产品，其收益会随着汇率的变动而变动。

③收益：储蓄存款的利息收益是明确的，而理财产品的实际收益率是不能事先明确的，您购买这些产品时看到的收益率只是“预期收益率”。

④税收规定：储蓄存款按规定由银行代扣代缴利息税。银行对理财产品的税收处理各不相同，有的产品，银行会代扣基础存款部分的利息税，有的则不代缴，需要投资者自行交税。

2）预期年化收益就是实际收益

在股市低迷、楼市投资前景不明朗的形势下，理财产品动辄百分之几的收益率对投资者而言，具有很大的吸引力。

但是动辄百分之几的收益率只是“预期年化收益率”，并不是实际收益率。很多消费者在认识上存在误区，认为预期年化收益率就是实际收益率，其实两者存在本质上的不同。

年化收益率是一种理论上能够获得的收益率，并不是一年下来真正能赚得的收益。如果一款理财产品的年化收益率是6%，投资期限为 120 天，购买金额为 10 万元，那么该产品的实际收益是 10 万元 ×6%×120/365=1972.60 元，实际收益率就是 1972.6/100，000=1.97%。

某些银行推出的理财产品有一个预期收益区间，比如从 4% 至 15%，但银行在宣传册上只标明 15% 的最高收益率，以达到吸引客户的目的。其实要达到最高收益并不是一件简单的事情，如果产品的运作水平得不到保证，那么“最高收益” 就成了空话。因此，购买银行理财产品时不要只看“最高收益”，还应留意“最低收益”是多少。

3）到期日 = 到账日

王阿姨买了一款期限为七天的理财产品，产品到期时，她发现钱并未到账。王阿姨打电话到银行一问，才知道银行有个结算过程，钱五日以后才能到账。王阿姨纳闷，明明自己买的是 7 天的理财产品，怎么就变成 12 天了呢！更让她气愤的是，这 5 天的结算期，银行是不给利息的。

理财产品到期后，银行会有一个结算的过程。一般来说，理财产品的到期日和到账日有一定的时间差，少则 2 日，多则 7 日，这些信息在购买合同中都会标明，投资者需密切留意这一点，切勿在急需用钱时，因这个时间差给你造成不便。

4）购买日就是起息日

购买理财产品时需要特别注意起息日。

银行发行理财产品时，会公布募集日和起息日，募集日期一般为 7 至 15 天，也就是说，如果募集期为 15 天，1 日购买理财产品，那么 1 至 15 日按照活期计算利息，而不是像很多人认为的那样，购买当日就开始按照理财收益计息。

一些热销的理财产品，刚上市两三天就会销售一空，银行明知如此，仍把销售日期拉得特别长，有的甚至超过半个月，一些提早购买理财产品的顾客的资金只能按照活期利率拿利息，却不能按照投资收益算利息，这中间的差价就被银行赚走了。

因此，投资者购买前需看清产品说明书，特别是起息日。在收益率相同的情况下，起息越早的产品，实际回报越高。

以上是购买银行理财产品过程中可能会遇到的几个误区。我们可以发现，购买理财产品和存款是两种属性截然不同的理财方式，年化收益率并不是实际收益率，理财产品的到期日不等于到帐日，购买日和起息日也不是同一天。投资者想要选择合适的产品，获得较高的收益，需要纠正原有的对理财产品的这些错误认识。

TIPS

农夫和商人

一场战乱后，农夫和商人在路上寻找财物，他们发现了一大堆羊毛，两个人就各分了一半，背在背上。回家的途中，他们又发现了一些布匹，农夫将身上沉重的羊毛扔掉，选了些较好的布匹，贪婪的商人将农夫扔下的羊毛和剩下的布匹统统捡起来扛在肩上，重负使他气喘吁吁，走得非常缓慢。走了不远，他们又发现了一些银质餐具，农夫将布匹扔掉，捡了些好的银器背上，商人却被沉重的羊毛和布匹压得无法弯腰而无法捡取农夫拾剩的银餐具。天降大雨，商人的羊毛和布匹都被雨淋湿了，他饥寒交迫地往前走着，最后摔倒在泥泞中，而农夫却一身轻松地迎着凉爽的雨回家了，他变卖了银餐具，变得非常富有。

理财产品巧选择

银行将一些晦涩难懂的专业术语和复杂的计算公式放进投资条款里，在投资者看得似懂非懂、云里雾里的情况下，就催促投资者赶快签字交钱。投资人往往投资之后才发现回报远远不如预期。其实，购买理财产品很简单，只要按照如下四个步骤，每个人都能够成为投资高手。

1. “四步走”让你成为投资达人

上百家银行，上万种产品，该如何选择？投资者的首要任务是了解自己、了解银行并且了解理财产品。

1）知己

投资者需要了解自己的理财目的。

你希望通过理财产品获得短期收益还是中长期的持续回报；您可以投入的资金量有多少；投资占您总收入的比重有多大；资金的使用期限等，投资者务必认真仔细地对自己的实际情况进行评估，因为这将直接影响到你未来的资金使用情况。

同时，还应该综合考虑你的投资经验、风险偏好等因素。投资者可以通过填写银行提供的风险承受能力测试表判断自己属于哪类风格的投资者，是保守型、稳健型、平衡型、成长型还是进取型，进而判定自己适合购买什么类型的理财产品。

如果你是保守型的投资者，希望保证本金安全，可以选择一些预期收益比较固定的理财产品；如果你是进取型的投资客户，可以选择一些风险较高，但是能产生更大收益的理财产品。

另外，客户购买产品时，一定要清楚资金所能闲置的最长时间，如果用日常生活所必需的钱去购买两年以上的理财产品，显然是不合适的。客户可以分购不同期限的理财产品，以达到资金的合理配置和流动的畅通。

2）知彼

选择银行很重要。

银行是否以理财产品为经营重点，是否能在第一时间推出新的产品，是否能及时对已经发布的产品进行升级，产品是否能实现预期的回报，产品的最低投资额，可以提供的增值服务（见附录2）等，这些方面都需要投资人认真考虑。

有些银行，缺乏理财产品的运作经验，新产品推出缓慢，产品达不到预期的收益；有些银行运作经验丰富，可选产品多，产品实际收益高；有些银行虽然预期收益不是市场最高的，但实际收益却是市场同期最高的。

此外，不同银行有不同的投资风格，有的稳健，有的激进。稳健的风险低、收益也低，但是能保证资金的安全；激进的风险高、收益也高，某些情况下能取得远高于市场的收益率。

投资者选择银行时，应该多关注理财产品的历史业绩和银行的资产运作风格，而不是只关注广告里公布的预期收益。

3）知产品

究竟哪种理财产品更好呢？了解产品的属性至关重要。

从收益是否固定角度来讲，理财产品可以分为两大类，一类是固定收益型产品，例如债券，定期支付相同的利息，利率是固定的；一种是浮动收益型产品，例如股票，股票价格上下波动，收益率是浮动的，有时高点，有时低点。通俗一点说，固定收益就是在可以收回本金的基础上，进行的资产升值；而浮动收益，不能保证本金是否可以收回，虽然收益高，但风险相对也比较高。

根据投资领域的不同，理财产品大致可分为债券型、信托型、资本市场型。股市行情比较好的时候，与股票挂钩的理财产品的收益较高；债券市场行情好的时候，与债权挂钩的理财产品的收益则相对较高。在不同时期，不同的市场环境下，投资者需要根据实际情况做出判断。

我们介绍几款常见的收益较高的银行理财产品——基金、国债和黄金，投资者可以根据自身情况决定选择更适合自己的产品。

基金定投是“聚沙成塔”的投资方式。投资者通过定期投资固定金额的方式投资基金，从而达到分散风险，获得稳定收益的投资目的。这种投资方式兼具储蓄与投资的双重功能，具有投资成本低、手续方便、积少成多等优点。基金定投适合有长期投资意向的投资者，因为定投的时间越长，收益就越高。

国债，是投资者比较青睐的投资产品，在投机日盛的今天凸显出越来越高的投资价值。国债虽然风险较小，但投资者若想获得较高的收益，也需要有一定的理财策略。投资者最好将资金分散在不同期限的债券上，这样，投资者持有短期、中期、长期的债券，不论什么时候总有一部分即将到期的债券，到期后又可以继续投资。

影响国债价格的主要因素是利率，对投资国债的投资者来说，最重要的是准确判断未来利率的走势。碰上通货膨胀，投资者应尽量避免投资长期国债，尽量购买短期国债。

黄金可有效抵御通货膨胀、实现资产保值增长，并可获取不菲的投资收益，并且交易非常灵活，被认为是投资者绝佳的投资品种。投资的黄金可分为“纸黄金”和实物黄金。“纸黄金”是个人记账式黄金，客户低买高抛，赚取差价；实物黄金，以保值为主要目的，适合长期投资和收藏。相比之下，“纸黄金”更为投资者所青睐，投资者通过炒作使金价上扬进而实现获利。

但个人炒“纸黄金”也需适度，因为与任何一种投资方式一样，黄金投资仍存在一定风险，尤其是对希望在短期内获得收益的投资者。

上述三种理财产品最大的特点是收益相对较高，在一定程度上能够抵御通货膨胀的影响，实现资产的保值增值。

归根到底，购买理财产品的目的，都是希望产品到期时能获得收益。但投资者有时需要提前赎回，因此，购买理财产品时看清赎回条件十分重要。例如一些外汇理财产品不允许提前赎回，一些虽然能够提前赎回，但只能在特定时间赎回，且需要支付赎回费用，这些情况都需要投资者提前考虑清楚。

此外，投资者还要注意理财产品的投资方向，这直接关系着理财产品的资金需求量和收益率。

总的来说，投资者只有全面了解所买产品的属性，才能做出最合适的投资决策。

2. 网银——购买理财产品的省钱利器

网银是购买理财产品的一个重要渠道。投资者通过网银购买理财产品，会省不少钱。网银理财产品不但总体收益水平比柜台销售的产品高，而且操作方便快捷、优惠多多，并且还有一些深得网民欢迎的特色服务。

“参加工作后，我将我的灵通卡、信用卡、存折都挂在了网银中，利用网银来管理我的账户，从此我过上了‘网银＋柜员机’的后现代银行生活。每每看到银行柜台前的长龙，我无不羡慕自己找到了工商银行金融@家这个好管家，让我省时省力地把自己的财务管理得井井有条。”某网友说道，“我可以安坐家中，购买银行的理财产品，从短期到长期，从外汇型、债券型到票据型，从稳得利到东方之珠，丰富多样的理财产品让我有了更多的选择。”

利用网银购买理财产品不仅省时省力，最重要的是省钱。总体来说，网银理财产品有以下几个方面的优势：

1）收益率高

只在网上销售的理财产品的收益率，一般情况下，会比普通理财产品的收益要高 0.5% 到 1%。比如，中国银行不久前推出的首批只在网上银行发售的专属理财产品，起点金额 5 万元，预期年化收益率为 5.1%，农业银行、浦发银行、深发展银行也纷纷推出网银理财产品，年化收益率都在 5% 以上，而相同期限、相同投资起点的柜台产品，预期年化收益率多在 3% 到 4%。

2）方便快捷

银行把产品放到网上，投资者可以“随便逛”，自由选，足不出户地享受理财的乐趣，实现财富增值。目前各大银行争相推出基金、黄金、外汇交易等理财产品，您只需坐在家里点几下鼠标，就能方便快捷地买到理财产品，何乐而不为呢？

登录个人网银，查看信用卡账单，再用工资账户偿还信用卡欠款与房贷车贷，甚至缴纳手机费和水电费，然后打开常去的银行网站，寻找适合自己的理财产品，这些如今已成为年轻投资者理财的新型模式。

3）优惠多多

银行为了争夺网银客户，纷纷加入价格战，这正是投资者省钱的大好时机。通过网银购买理财产品不仅方便快捷，收益丰厚，而且还可以获得银行提供的诸多优惠。

表 5.1　部分商业银行网银优惠

银行	优惠措施
农业银行	在年底之前，投资者通过网银购买基金，申购费低至 7 折，8 月 8 日起至 9 月 30 日更是推出了申购费率 5 折的网银购基金特惠产品。
建设银行	网银购买基金 8 折优惠。
华夏银行	网银购买基金 8 折优惠。
邮政储蓄银行	对于其 VIP 客户，免费赠送 UK 或电子令牌，通过个人网银申购部分基金的客户，申购费 4 折优惠，最低申购费率 0.6%。

农行、建行、华夏银行和邮政储蓄对使用网银购买理财产品的投资者给予一定优惠，最大优惠可达五折，远低于去柜台人工办理所需交纳的费用。不过这些都是在推广促销阶段推出的特殊优惠，有一定时间限制，想省钱的投资者一定要在截止日期前购买理财产品！

特色服务

银行不仅给通过网银购买理财产品的客户以诸多优惠，还为投资者提供各种特色服务。

例如，招商银行为方便上班族理财，专门推出了在晚间发售理财产品的“理财夜市”，该“夜市”每周定期推出各类理财产品，认购时间定在晚上20:00–22:30。招商银行的网银用户还可以通过银行的商旅中心预订酒店、机票，如果航班延误超过两个小时，客户将获得200元的“航延关怀赔付”。

通过中国银行的网上银行，用户可以在线预约申请开通借记卡、网上银行、手机银行和信用卡等，这极大地减少了客户到柜台办理新开户业务等候的时间。此外，交通、招商等银行还开通了网购火车票等业务。

这些特色服务给客户带来了方便和实惠，同时无形中提升了银行的理财产品的竞争力。

3. 详细阅读条款，避免“糊涂”投资

银行提供的阅读条款字小量大，旁边又站着等着签字确认的工作人员，投资者很难静下心来仔细阅读，更何况还要从一大堆法律条文中，找出需要注意的风险点，更是难上加难。

其实，投资人阅读说明书时，把握以下几个原则，可以大大降低投资的风险：

第一，不妨先看条款后面再看前面，因为风险提示大多出现在说明书的末尾；先看浅色字，再看黑体字，商家希望一些内容不被客户关注，因此使用浅色字，淡化相关内容；先看小字，再看大字，多数情况下，潜在的风险和可能发生的亏损会被藏在小字说明里。

第二，不要盲目相信“收益率”。有许多投资者抱怨：“明明宣传的收益率有 8%，为什么到手时只有 4%？”因为广告中的预期最高收益率不代表实际收益率，到期后的收益率往往都达不到宣传时的预期值。

另外，投资者应该注意看理财单上的收益率是否是年化收益率。一款 3 个月期的理财产品，年化收益率是 4%，这并不代表你投资 10 万元，3 个月后能拿 4000 元的收益，因为“4%”是 12 个月的收益率。投资人最后只能拿到 900 多元（10 万元 ×4%×90 / 365= 986.3 元）的回报。

第三，小心被理财产品“美丽的外衣”晃了眼。银行利用了人们的认知心理———只看见他们认同或追求的，而对其他问题视而不见，在理财产品的名称上大做文章。银行经常使用“稳得利”、“安心得利”、“安享回报”等词语为理财产品命名，影响投资者心理，让消费者放心购买。

综上所述，投资者购买银行理财产品时，务必仔细阅读投资条款，不要盲目相信银行职员的口头允诺，也不要相信银行广告中标榜的高收益率和“零手续费”、“零管理费”等，投资者务必记住：不要被理财产品“美丽的外衣”晃了眼。

4. 银行也是个“菜市场”——我们和银行讲讲价

没有多少人相信可以跟银行讨价还价。实际上，像理财产品的提前赎回费、购买理财产品发生的转账费，都在协商的范围内。假如你是 VIP 大户，那么定期存款利率也可以谈判。

2010 年 12 月中旬，张小姐购买一款与中国金融概念港股挂钩的理财产品，投资期限为 2 年，预期收益可望达到 20%。张小姐心动之下，就购买了 10 万元该产品。

今年股市行情不太好，张小姐不但没拿到利息钱，投进去的钱反而贬值不少。张小姐失望之余，希望尽快赎回，结果一问银行客服，提前赎回需要交投资金额 3% 的提前赎回费。银行不仅没有兑现之前承诺的 20% 的收益，现在居然还要收取高额的手续费，让张小姐实在不能理解。

随后，张小姐咨询了专业人士，发现作为银行贵宾的她可以享受费率优惠。张小姐和银行协商后，只交了2%的提前赎回费，整整少了1000元。虽然还是被收费，但是，少收的1000元钱还是给张小姐带来了些许安慰。

如果你也是银行的贵宾大户，可要好好了解下相关的优待条款，跟银行讨价还价可以帮你省下不少钱。

总之，投资者购买理财产品之前，应该知己知彼，明白自己所能承担的风险，以及了解产品可能获得的收益；购买时仔细阅读投资条款，明确双方的权利和义务，不能只听银行职员的口头承诺；购买后，及时关注产品的收益率，选择最好的时机赎回。

银行理财产品这个“香馍馍”吃起来虽不容易，但只要投资者走出认识的误区，掌握必备的投资常识，就能避免少花许多冤枉钱，无形中增加投资收益。

TIPS

草根银行

2007年3月1日，中国首家村镇银行——四川仪陇惠民村镇银行挂牌开业，总注册资本200万元人民币。目前该行由包括行长、客户经理在内的十余人组成。麻雀虽小，五脏俱全，惠民村镇银行开通的业务包括：吸收公众存款；发放短期、中期和长期贷款；办理国内结算；办理票据承兑与贴现等。

第六章

省钱——其实是一种生活态度

省钱有道，不做穷忙一族

2011 年 7 月份，中国居民消费价格指数创下 37 个月的新高，通货膨胀率达到 6.5%。食品价格接力上涨，从“蒜你狠”、“豆你玩”到“姜你军”，再从“糖高宗”到“油你涨”、“苹什么”，物价飞涨，人们从“房奴”变成“菜奴”。

就像一副推倒的多米诺骨牌，继食品价格集体上涨后，有关吃、穿、住、行的商品价格也一路看涨，从柴米油盐到日用百货，没有一样不涨价。超市里的牛奶由每袋 1.5 元变成 2 元，食堂的鸡蛋从七毛变成一块五。以前花１００块钱能和朋友到不错的饭店改善下生活，如今只能去小酒馆了；以前花２００块钱能到高级美容院做个护理，如今只能在家 DIY 了；以前花 3 块钱能买块巧克力，如今只能吃棒棒糖了。上班族聚在一块聊天，经常提及的话题就是“要是工资能像物价一样上涨就好了”。

即使每月多发几百元工资，也不见得生活就能得到改善，工资的上涨永远追不上物价的上涨，钱还是不够用。特别是在每个月月底捉襟见肘的时候，你是不是在内心深处涌出呐喊：“我要省钱！”

省钱是一件既难又易的事，如果你大手大脚惯了，要立刻改变生活习惯，那很困难；如果你树立省钱意识，从省小钱开始，逐渐养成省钱的习惯，即使工资收入不高还是可以节省不少开支，而且不会影响生活质量。

前两年，经常听到“穷忙族”这个词，它指的是整日奔波劳碌，却始终无法摆脱贫穷的低薪人群。如今，“穷忙族”已不再是潮流新词，取而代之的是“海豚族”、“团团族”、“抠抠族”。虽然，这些新新一族工资也不高，但是合理的理财和消费使得他们生活品质普遍高于“穷忙”一族，这些省钱族可是我们学习的榜样。

“海豚族”

“海豚族”最大的特点是喜欢海量囤积物品。消费品价格飙升，在一片“涨”声中，不少人选择赶在“涨价”之前囤积生活必需品。因为“海囤”和“海豚”同音，所以这类人被大家亲切地称为“海豚族”！

在电子公司上班的小王是名副其实的“海豚族”，他和三个朋友合租，住在六环外的地铁站旁。虽然小王才二十岁出头，但是过起日子来，那可叫精打细算。附近的菜市场几点开早市，当下的瓜果蔬菜什么价，他都一清二楚。更让人惊叹的是，他对超市的打折信息过目不忘，什么时间有优惠活动，小王可是了如指掌。每每碰上超市打折，他一定要囤上一些日常生活用品，日积月累，还真省了不少钱。小王利用这些钱去看电影，改善生活，完全没有影响生活质量。

小王还有一套自我实践总结的“囤”经，这可是经过他本人亲身验证的。一次，某超市卫生纸打折，小王觉得挺合算，买了好几袋，“没想到回家一看，才发现这种打折的卫生纸是160克一卷的，和原来200克一卷的根本不能比。”有了这次教训后，小王得出结论：打折商品也不能随意购买，一定要好好考量打折商品的“含金量”。

虽然，“海囤族”的小王看上去是有些婆婆妈妈，但是像他这样处处“斤斤计较”的人，生活质量不比花钱大手大脚的人差。

“抠抠族”

传统意义上的“抠”是把一分钱掰两半儿花，富日子当穷日子过，不过，现代的“抠抠族”们既非贫困族，也不是守财奴，他们只是精打细算，更好地配置“有数”的金钱。爱使用折扣券、爱拼车拼饭、爱搜罗促销信息是“抠抠族”们的显著特点。

“抠抠族”有一个明显的爱好，就是记账。很多人在网络上交流理财经验，并表示要在网络下载记账本做“账友”。“账友”们会把每天的固定开支记录下来，上传到网络与网友交流，这种方式不仅能清楚地知道自己的钱究竟花在何处，同时还能够接受网友的监督，提醒自己不要超支。

“团团族”

随着团购的兴起，“团团族”在都市白领中渐成气候。20 元就可以看场好莱坞大片，还可获赠可乐和爆米花；35 元就能做一个全身 spa ；68 元就能吃到原价两百多元的火锅套餐，这些都是团购价。如此便宜划算的买卖吸引了不少的拥趸，小霞就是其中一个，并且沉浸其中，难以自拔。

小霞向来注重生活品质，时不时就要上影院看场电影，隔三差五就要去理疗中心做个全身放松，可是动辄五十多的电影票，两三百元的理疗卡，都让刚刚踏入社会、工作不久的她承受不起。现在团购解决了这个让她头疼的问题。

团购成本低，效率高，是一种既省钱又能保证生活质量的消费方式，这种“低价高质”的消费方式迅速得到了白领一族的认同。

“海豚族”、“团团族”和“抠抠族”其实就是生活在我们周围的都市白领，他们的省钱观念非常值得我们学习。省小钱才能省大钱，对日常支出精打细算，其实是一种负责任的生活态度。你提前购买将来会涨价的商品，寻找各种优惠打折的渠道，做好日常支出的管理，就可以避免成为“穷忙”一族。

TIPS

让银行开发票

人们去银行办理业务，一般都不会索要发票。其实，银行收了钱，就有责任和义务为有需要的用户开发票。

2008年3月19日，一位用户去农业银行办理储蓄卡开卡业务，银行收取10元年费，并开具了业务收费凭证。之后，该用户要求银行提供发票，在遭到拒绝后，将银行告上了法庭。经努力，4月23日，该用户终于拿到了农业银行温州分行开具的发票，发票种类为服务业统一发票。据悉，这是全国首张“储蓄卡年费”服务发票。

用户如果有需求，比如替公司办理业务，需要拿发票向公司报销，都可向银行索要发票。

克服惯性——养成良好的刷卡习惯

刷卡消费在十年前还是新鲜事物，但今天已经家喻户晓、无人不知了。从付现消费到刷卡消费，不仅是一种支付方式的变革，也是民众生活方式转变的一个缩影。刷卡满足了人们对消费方便、快捷的诉求。

但是同样是刷卡，有的人把十几张借记卡、信用卡玩得风生水起，常常享受各种优惠；有的人却不知不觉地沦为“卡奴”，月月为信用卡还款犯愁，生活完全乱了套，更别提享受优惠。

不同的人刷卡的效果大相径庭，究其根本原因在于刷卡习惯的不同。有些人细心周密，能及时发现优惠；有些人消极被动、散漫马虎，势必难逃各种麻烦的困扰。如果您也想成为“刷卡达人”，一些好的习惯必不可少。

1. 安全意识要加强

1）保管好卡片和密码

消费者对待银行卡应该像对待现金一样，对其倍加爱护，不要弄脏弄皱，弄破弄丢，也不要磨损磁条，以免银行卡因为消磁而提前“退休”，导致交易失败；银行卡一定要和身份证分开放，以避免银行卡丢失时被人盗刷；刷卡买单时，持卡人也不要轻易让银行卡离开自己的视线，无论在餐厅还是其他场所，最好亲自到收款台刷卡，只要克服不愿意“跑跑腿”这样的小麻烦，就可以躲避信用卡信息被盗的危险。

2）保存凭条

消费者刷卡消费后，应保管好交易凭条。交易凭条上有发卡银行的名称、卡片号码，持卡人的签名，一张完整的交易凭条，极有可能成为犯罪分子的作案工具。一些持卡人刷卡后，将凭条随手丢弃，这无疑为卡片的安全埋下隐患。

笔者建议大家先将凭条作暂时的保留，至银行出具账单时，与消费清单做个对比，看看账目是否准确，然后再将无用的凭条作撕毁处理。

3）签名

在信用卡背面的签署栏上签下自己的名字，应是用户领到信用卡之后要做的第一件事。有些商家可能会核对您在卡片上和交易凭条上的签名是否一致。国外的商家对于卡片签名的核对更加仔细，因此准备出国旅游的消费者，尤其要注意给自己的信用卡“签好名”。

有些时候，持卡人在卡上签上自己的名字和联系方式，假如卡片遗失，也方便好心人拾到卡片后联系失主。

4）防范诈骗短信、假网站

很多人喜欢网上购物，不过购物网站数以万计，其中不乏安全保障低的网站，甚至骗子网站。因此，消费者最好不要在没有信誉的小网站上用信用卡购物，更不要随意在网络上泄露自己的信用卡账户和密码等个人信息。

2. 优惠要靠自己找，小智慧换大实惠

1）主动询问

“前几天去吃匹萨，没想到随口多问了一句话，餐费竟然打了八折！”小章对这次意外的收获念念不忘，而让他省下花费的只是简单的一句提问：

“刷什么银行的信用卡可以有优惠？”

很多时候，所以您可别小瞧了这一声提问，平日里您如果养成这样的好习惯，还真能获得不少好处呢！

现在，许多银行与商户合作，推出长期或短期的促销活动，不过活动众多，银行无法一一通知到持卡人，商户也只会在收银台上摆一个不怎么起眼的活动公告，服务人员并不一定会主动告知顾客，消费者如果不想错过这样的优惠，就要学会主动提问、掌握信息了。

2）留心“活动季”

如果你所持有的信用卡恰好在“活动季”，那么幸运的你或许能因此免费获得一份特别的礼品，或是享受特殊的折扣优惠，又或者破格成为商户会员，享受日后折扣、积分待遇等等。

因此，消费者要多留心这样的“好事”，了解一下自己所持信用卡的活动优惠时间，有便宜都不捡，岂不可惜了？

3）多逛发卡中心网站

阿浩的“卡龄”已经4年了，平日里常常逛信用卡网站的他可算捞着了不少好处。“我每周都会上一两次发卡中心网站，看看最新的优惠信息。”阿浩说道，“现在很多活动都需要持卡人登记报名后才能参加，如果不逛网站，很可能错失良机。”阿浩曾报名参加过刷卡返现、优惠电影票抢购、限时积分超值换礼等许多活动，最近他还打算报名参加特惠旅行。

常常逛信用卡网站的确有助于持卡人获得最新的用卡信息，捕捉限时、限额的促销优惠。

需要注意的是，持卡人参加活动前，应对活动细则作深入了解，看清楚自己的责任和义务，若难以确定文字意思，应当致电银行卡中心询问。

3. 账单日、还款日要牢记

1）算准周期，提前还款

使用信用卡最郁闷的莫过于错过最后还款日被银行罚息了，持卡人要想避免这样的状况，可以将最后还款日标记在卡片背面，也可设置还款提醒服务。

如今，不少人通过网银还款，一些第三方平台提供还款提醒服务，持卡人可以根据需要选择提醒的日期，这样一来就不用担心会错过还款日期了。考虑到网上还款需要一个转账周期，持卡人设置最后还款日的前3至5天为提醒日较为妥当。

“有时候觉得刷卡后很久才需要还款，可有时候过了没几天就收到了账单。”刚刚申请信用卡没几个月的小宋发现，有时候账单来得很慢，还款可以拖拖拉拉，可有时候才一眨眼的功夫就需要还款了。

其实，这种时快时慢的感觉与信用卡账单周期有关。消费日距离账单日越远，持卡人利用货币时间价值的有效程度就越高。

假如你的账单日为9日、最后还款日为29日，那么你在8日刷卡的500元会立刻体现在第二天的账单上，当月29日前就需要还款。如果持卡人选择在10日消费，则会延后至次月的9日出账，还款自然也就可以延后至次月的29日了。消费日期相差2天，还款日却相差了一个月，显然后者对持卡人来说更为有利。

因此，如果你有2张或更多信用卡，最好在卡片上标明账单日，在刷卡消费前养成查看账单日的习惯。

需要注意的是，在账单日当天刷卡是否计入当期账单，这要视各家卡片中心系统情况而定，持卡人若无法拿捏准确的出账日期，最好不要踩“界”。

2）尽量全额还款

持卡人应当养成全额还款的习惯，这样才不会产生循环利息。如果欠款超出偿还能力，持卡人应在最低还款额与分期还款中做一个选择，以保证信用良好。短期内有能力归还欠款的不妨考虑先还最低还款额，资金周转需要一段时间的话，选择申请分期还款对持卡人来说更加有利。

TIPS

中国最早的信用卡

1986 年 6 月 1 日，中国银行推出人民币长城信用卡，这是国内银行首次发行信用卡。长城卡的发行，宣告传统的“一手交钱，一手交货”的结算方式被打破，“提前消费”模式诞生。

适合你的才是最好的——不要迷恋大银行

中国老百姓比较相信老字号，不管他们究竟是否适合，就是看中一个“老”字，觉得历史久的一定好。大家选择银行的时候也是这样，很多人就认准了成立较早的国有银行。

09年的一份市场调查报告显示，老百姓在选择银行时，58.4%的人首选营业网点多的银行，但是在银行满意度排名中，占据前三的是中信银行、招商银行、民生银行这些股份制商业银行。建设银行、工商银行和农业银行这些国有商业银行分别位居第七、第九和第十。

老百姓为求方便，办事都找四大银行，却对四大银行的服务态度“敢怒不敢言”，这是典型的迷恋大银行的表现。其实，现在大中小型银行在全国遍地开花，可供储户选择的银行比比皆是。如果你认为国有大银行服务网点多，信誉好的话，这种旧观念可要更新一下，很多中小型的银行在服务网点数量、服务信誉等方面都在迎头赶上，甚至更胜一筹。

以山东最大的地方银行——恒丰银行为例，持有恒丰卡，持卡人无论何时何地，只要在有银联标志的ATM机上存取款都不需要付手续费。再如创下了业界服务标准新高的平安银行，推出“借记卡全球ATM取款免费”和“网上银行汇款免费”的服务。

这样的让利并不鲜见，很多中小银行都有此类的优惠措施。除此之外，积分送礼、购物打折、预订机票与酒店等增值服务，也切实让利给普通百姓。

总的来说，中小型银行手续费用低廉，服务人性化，实在是不错的选择。所以选银行“不选大的，只选对的”！

TIPS

世界上最小的中央银行

1932 年 2 月 1 日，中华苏维埃共和国国家银行在江西瑞金成立，办公地点设在叶坪村一幢三室二厅的普通农家小屋。银行启动资金仅 20 万大洋，工作人员包括行长在内只有 5 名，堪称世界上最小的中央银行。

主动出击——多问、多听、多比较

跟银行打交道，做好资料搜集和情报打探工作是省钱的重要一步。很多朋友对于选择什么银行或是卡片很随意。让人啼笑皆非的是，有些朋友居然不知道银行会收服务费，往往到享受服务之后，拿到账单时才恍然大悟，可是为时已晚，只能心不甘情不愿地去交钱。

1. 多问

小伟和女朋友趁着十一长假，到风景如画又极富历史感的意大利游历。旅游归来，两人非常开心。可是，好心情很快因为回国后与银行发生的不快消失殆尽。原来，小伟兴高采烈从意大利回来后，想把没花完的欧元现钞换回人民币，却被银行工作人员告知要收取500元手续费。这可把他气坏了，“换个钱而已，怎么能收这么贵呢！”

回到家中，小伟埋怨其女朋友来，“你怎么不事先问问呢，汇兑按1%收取可不是小钱，事先换那么多有什么用，看看吧，平白无故少了500块钱”，小伟女朋友也很无奈，辩解道：“我哪知道银行还收手续费呢，早知道我就少换一点了。”

小伟如果能事先去银行问一问，完全可以避免缴纳这500元的手续费。普通储户要吸取小伟的教训，去银行办理业务之前，务必对银行的各项收费做到心中有数。

2. 多听

“我的短信服务怎么需要收费了？”使用交通银行信用卡多年的朱女士不经意间发现，她的信用卡被扣取了短信提醒服务费。“以前不是免费的吗？怎么现在需要收费了呢？”

原来，交通银行自从提升了“用卡无忧”服务后，将短信提醒服务分为两种。如果持卡人需要每笔交易都有短信提醒，需要支付每季度12元的服务费，免费的短信服务只对取现交易和超过1500元的消费开放。

“我好像接到过客服电话，说短信提醒服务有变化，当时没弄明白就答应了，现在想想成本还真高。”朱女士现在想来，真有点懊悔当初的大意。

广告里的银行大气、温馨、闪耀着人性的光辉，让人不由得想要亲近。但回到现实中，但凡取钱、汇款、贷款、出国结汇、查询、修改密码等，银行没有一样不收费。这些钱看似是小钱，但林林总总加起来，也是一笔不小的开支。

3. 多比较

以小伟的情况来说，要把外钞换回人民币，有的银行会收500元的手续费，但有的银行只要客户提供当初结汇的水单（有外汇兑换资格的银行给持币者开具的外汇兑换证明，俗称“水单”），就可免去兑换费用。需要注意的是，各家银行结汇时的汇率会有些微差距，持卡人若想要更精打细算，需要综合考量汇率、手续费。

朱女士的短信费交得也挺冤枉，只要稍加留意和对比，我们会发现招商、华夏、平安三家银行不收取短信提醒费。

就像看病求诊一样，想得到既有医德、又有医术的名医治疗，挂号前，势必得多方比较。由于每家银行收取的手续费不一，消费者想要精准省下这些费用，一定要做足功课。

消费者在接受服务前，务必养成询问收费标准的习惯，而且要有“打破沙锅问到底”的决心，衡量性价比之后再决定是否办理某业务。多问、多听、多比较，做好资料搜集和情报打探工作会让你在与银行的相处中占得主动，掌握先机。

TIPS

珠三角的汽车银行

2000 年前后，珠三角地区曾兴起一种移动银行——汽车银行，所谓汽车银行就是把银行业务收缩在一辆特制的安全性能很高的汽车中，这相当于流动的银行网点。汽车银行穿梭于市区各条主干道，市民随叫随停，即刻办理各种存取业务，提供多种便民服务。

转变观念——“钱能生钱”才是上策

买房子的成本越来越高；教育费用不断飙升，孩子从小学读到大学平均要花 20 万；存点钱，利息还跑不赢通胀。于是，缩衣节食成为了大多数人每日必做的功课，大家幻想着“只要我肯省，总能省出个未来”。然而，无论你如何省吃俭用，还是会常常入不敷出。

这个时候，一味节俭已经不能解决问题，没有流动的金钱只能说是一滩死水，节俭不能让你脱贫致富，真正有效积累财富的途径还是理财。

说起来容易，做起来难，理财并不是简单的说说而已，而是要通过一系列的“实践”不断积累经验。那么，究竟该如何理财呢？笔者总结出几点以供大家参考：

理财实践之定期储蓄

刚工作的年轻人，理财的第一步是存钱，有了存款再考虑其他的理财方式。年轻人，最怕“月月光”，强制自己一个月拿出 10% 的钱存在银行里，一点都不难。如果你所在的公司经营不好，老总要削减开支，给你两个选择，第一是把你开除，补偿两个月工资，第二是把你一千元的工资降到九百元，你能接受哪个方案？ 99% 的人都能接受第二个方案。把自己当成老板，告诉自己一个月只能拿到原来的90%，心里也就平衡了。

你赚得再多，如果一味挥霍，势必很难积累下可观的财富，所以从现在开始，迈出脚步，走向财富原始积累的第一步——储蓄。

理财实践之“记流水账”

你能记住自己每天的消费支出吗？相信一天两天还可以，时间长了，谁也记不住，所以好记性不如烂笔头，大家应该把每天的开销记录下来。记账的要求不高，简简单单的流水账也能帮助你知晓自己的消费支出。记录的时候，你可以将开支分各种类别，比如买衣服、家用、娱乐等等，有时间可以写详细点，没时间就写最简单的记录收支总账。

下一步就是总结消费习惯，不断反思，比如“什么东西不该买？什么东西购买时应该控制数量？什么东西可以用更便宜的东西代替？”消费者可以根据总结制定更合理、更理性的消费计划。

理财实践之闲钱投资

一些有闲钱的家庭，可以考虑适当地投资。

理财者需要掌握一定的金融常识，了解债券、基金、股票、外汇等常见的金融产品。理财并没有那么难，投资人没有必要一头扎进浩瀚的财经新闻，在各种金融条例里盲目地游走。

首先，关心国家宏观经济形势。留意国内、国际重大事件，比如雪灾，石油、黄金价格的变化等，这些变动会影响整个投资环境。

接下来，选择投资产品。目前，基金的长期回报比较可观，但在投资之前，投资者要进行认真的比较，尽量选择购买每年排名都比较靠前的基金公司的产品，这些产品收益稳定，风险小。此外，“不要将鸡蛋都放在一个篮子里”，基金的种类要多样化，这样有助于分散风险。

随着国内投资渠道的逐步拓宽，投资产品的投资标的（比如我们买了基金，基金可以把钱投向很多标的，像股票、债券等）也越来越多，其中不乏一些大家闻所未闻的投资标的，我们如果没弄明白，就贸然投资是很冒险的，所以尽量选择投资于常见标的的产品。

投资标的越来越多，投资产品的结构也越来越复杂，我们无法在短期内判断一个产品好还是不好，这就加大了投资的难度。因此投资者选择投资产品的时候，还要关注产品投资的投资结构，掌握足够的信息之后再做决定。

理财实践之预留开支

有投资的想法固然很好，但切记要保持合理的投资比例，尤其要在手边保留一笔“应急”钱，要留出一定数额作为流动资金，让你在投身理财海洋的同时，免去后顾之忧，比如某个家庭每月开支 5 千元，男方工作，女方做全职太太，如果男方突然失业，按照找工作的平均周期 3 个月来算，这个家庭需要 15000 元的净支出，加上看病和意料不到的支出，怎么也需要 2 到 3 万元，这个家庭可以拿出至少 4 万元作为备用资金。相关投资专家也表示，根据中国目前的大环境来看，一个家庭拿出半年的收入作为备用资金是比较合理的。

合理的投资比例是按照投资者的年龄来区分的。如果投资者的年龄在 20—30 岁之间，那投资比例可以高达总资产的 70%；年龄在 30—45 岁之间，投资比例要降低到总资产比例的 50%，稳健为上策；45 岁以上则建议投资比例不要超过 40%，以养老为主。

总的来说，理财不可盲目，量力而行才是上策，如果你的月薪只有三千，却还要投资去炒股，显然有点不切实际。其实，理财实践并不难，概括起来说就是“多记账，先存款，有了闲钱再投资，投资别忘留点钱。”记住了这句话，每个人都能理财，而且都能理好财。

理财的原点是省钱。省钱其实是一种生活态度，并不是让你一毛不拔，也不需要你节衣缩食，降低生活标准。省钱，其实是认真地对待生活，负责任地活好每一天。消费者树立起省钱意识，改变消费观念，省钱的同时保证生活质量。

对大家来说，除了节流，更重要的是开源，通过理财，让钱生钱。理财一定要从当下开始，不要等到捉襟见肘的时候，才后悔当初为什么没有付诸行动。

TIPS

澳大利亚的“艺术银行”

澳大利亚“艺术银行”是澳大利亚联邦政府支持文化事业而实行的一项艺术品出租计划。银行先将本国视觉艺术家及工艺品制作者的优秀作品收购下来，再出租给本国大众，租金以年为计算单位，单件作品的租金最低为每年110澳元。目前，该银行已收藏了来自澳大利亚近3000名艺术家的9000多件作品。

附 录

附录 1.1 2011 年 7 月 1 日起免除人民币个人账户的 11 类收费项目

1	本行个人储蓄账户的开户手续费和销户手续费
2	本行个人银行结算账户的开户手续费和销户手续费
3	同城本行存款、取款和转账手续费（贷记卡账户除外）；“同城”范围不应小于地级市行政区划，同一直辖市、省会城市、计划单列市列入同城范畴
4	密码修改手续费和密码重置手续费
5	通过本行柜台、ATM 机具、电子银行等提供的境内本行查询服务收费
6	存折开户工本费、存折销户工本费、存折更换工本费
7	已签约开立的代发工资账户、退休金账户、低保账户、医保账户、失业保险账户、住房公积金账户的年费和账户管理费（含小额账户管理费）
8	向救灾专用账户捐款的跨行转账手续费、电子汇划费、邮费和电报费
9	以电子方式提供 12 个月内（含）本行对账单的收费
10	以纸质方式提供本行当月对账单的收费（至少每月一次），部分金融消费者单独定制的特定对账单除外
11	以纸质方式提供 12 个月内（含）本行对账单的收费（至少每年一次），部分金融消费者单独定制的特定对账单除外

数据来源：中华人民共和国国家发展与改革委员会新闻中心
http://xwzx.ndrc.gov.cn/xwfb/t20110314_399375.htm

附录 1.2 浦发银行账户管理费

卡种	收费标准	优惠措施	备注
轻松理财金卡	按年收取，每月 10.00 元	日均存款达到人民币 5 万元（含）；或者，年累计消费金额达到人民币 5000.00 元；或者，年消费笔数达到 6 笔；或者，代发 6 次（含）以上	暂免收费
轻松理财银卡	按年收取，每月 5.00 元	日均存款达到人民币 2 万元（含）；或者，年累计消费金额达到人民币 3000.00 元；或者，年消费笔数达到 6 笔；或者，代发 4 次（含）以上	暂免收费
轻松理财普卡	按年收取，每月 1.00 元	年累计消费金额达到人民币 3000.00 元；或者，年消费笔数达到 1 笔；或者，代发 1 次（含）以上；或者，持卡人为我行个贷客户；或者，持卡人为我行社保客户	暂免收费

数据来源：上海浦东发展银行 http://www.spdb.com.cn/chpage/c1/

附录 1.3 浦发银行柜面存取现、转账手续费

项目	渠道	同城 / 异地	收费标准	优惠措施
本行取现	柜面	同城	免费	1、符合我行贵宾客户条件，同时办理了轻松理财白金卡的客户，免收手续费 2、符合我行标准的代发账户，在办理本行异地取现、存现、转账 / 汇款业务时，每月分别免收首笔业务的手续费（柜面、网上银行、自助设备和电话银行等合并统计）
		异地	金额的 0.5%，最低 3.00 元，最高 50.00 元	
本行存现	柜面	同城	免费	
		异地	金额的 0.5%，最低 2.00 元，最高 50.00 元	
本行活期转账	柜面	同城	免费	
		异地	金额的 0.5%，最低 2.00 元，最高 50.00 元	

注释 1. 同城范围以我行规定为准

数据来源：上海浦东发展银行 http://www.spdb.com.cn/chpage/c1/

附录 1.4　浦发银行 ATM 手续费

项目	渠道	同城 / 异地	收费标准	优惠措施
跨行取现	自助设备	同城	每笔 2.00 元	符合我行代发标准的代发账户，每月前两笔异地跨行取款交易，免收手续费；浦发卓信白金卡持卡客户免收手续费 1、符合我行贵宾客户条件，同时办理了轻松理财白金卡的客户，免收手续费
		异地	每笔收取取款金额的 0.5%，最低 5.00 元	
		境外	每笔 18.00 元	
跨行查询	自助设备	同城	免费	2、符合我行标准的代发账户，在办理本行异地取现、存现、转账 / 汇款业务时，每月分别免收首笔业务的手续费（柜面、网上银行、自助设备和电话银行等合并统计）
		异地	免费	
		境外	每笔 4.00 元	
本行取现	自助设备	同城	免费	
		异地	金额的 0.5%，最低 3.00 元，最高 50.00 元	
本行存现	自助设备	同城	免费	
		异地	金额的 0.5%，最低 2.00 元，最高 50.00 元	
本行活期转账	自助设备	同城	免费	
		异地	金额的 0.5%，最低 2.00 元，最高 50.00 元	

注释 1. 同城范围以我行规定为准

数据来源：上海浦东发展银行 http://www.spdb.com.cn/chpage/c1/

附录 1.5　浦发银行汇款手续费标准

项目	渠道	同城 / 异地	收费标准	备注
汇到浦发银行	柜面	同城	暂不收费	1、资金实时到账 2、符合我行贵宾客户条件，同时办理了轻松理财白金卡的客户，免收手续费 3、符合我行代发标准的代发账户，每月首笔本行异地汇款 / 转帐免费（柜面、网上银行、自助设备和电话银行等合并统计）
		异地	金额的 0.5%，最低 2.00 元，最高 50.00 元	
	网上银行	同城	暂不收费	
		异地	金额的 0.2%，最低 2.00 元，最高 30.00 元	
	电话银行	同城	暂不收费	
		异地	金额的 0.2%，最低 2.00 元，最高 30.00 元	——
	手机银行	异地	金额的 0.2%，最低 2.00 元，最高 30.00 元	——
汇到其他银行	柜面	同城	按汇款金额的 0.2% 收取手续费，最低 2.00 元，最高 10.00 元	一般可在 24 小时（工作日）内到达收款行，遇节假日顺延，特殊情况除外
		异地	按汇款金额的 1% 收取手续费，最低 3.00 元，最高 50.00 元	
	网上银行	同城	按汇款金额的 0.2% 收取手续费，最低 2.00 元，最高 10.00 元	
		异地	按汇款金额的 0.8% 收取手续费，最低 2.00 元，最高 40.00 元	
	手机银行	同城	按汇款金额的 0.2% 收取手续费，最低 2.00 元，最高 10.00 元	
		异地	按汇款金额的 0.8% 收取手续费，最低 2.00 元，最高 40.00 元	
超级网银跨行付款	网上银行	同城 / 异地	按汇款金额的 0.8% 收取手续费，最低 2.00 元，最高 40.00 元 2011 年 6 月 30 日前实行推广期优惠费率：按汇款金额的 0.4% 收取手续费，最低 2.00 元，最高 20.00 元	一般可在 1 分钟内到达收款行，特殊情况除外，单笔最高 5 万元

续表

项目	渠道	同城/异地	收费标准	备注
银联快速汇款	网上银行	同城	转帐金额：0 元—5000.00 元(含)收取手续费：2.00 元 转帐金额：5000.00 元—50000.00 元(含)收取手续费：3.00 元 转帐金额：50000.00—100000.00(含)收取手续费：5.00 元 转帐金额：大于 100000.00 元收取手续费：8.00 元	资金实时到账，网银相应功能菜单为："汇到银联卡"，收款行开通范围见网银操作页面
		异地	按转帐金额的千分之五收取，最低 5.00 元，最高 50.00 元	
Email 汇款	网上银行	同城/异地	暂不收费	——
邮政汇款	网上银行	同城/异地	邮政汇款手续费包括汇费和汇款附言费 1、汇费： 按址汇款：每笔按汇款金额的 1%收取，最低 2.00 元，最高 50.00 元（单笔汇款金额最高为 5 万元） 入账汇款：每笔按汇款金额的 0.5%收取，最低 2.00 元，最高 50.00 元（单笔入账汇款金额最高为 5 万元）。 2、汇款附言费： 每字 0.10 元，前 6 个字免费。附言字数最多为 30 个汉字	——
手机号汇款	手机银行	同城/异地	暂不收费	——

注释 1. 同城范围以我行规定为准

数据来源：上海浦东发展银行 http://www.spdb.com.cn/chpage/c1/

附录 1.6　平安银行个人业务资费标准

客户类型\收费项目	普通客户	金卡客户	安盈客户	备注
一、人民币结算业务				
借记卡年费	免费	免费	免费	——
挂失费（不含密码挂失）	20.00 元 / 笔	5 折	免费	——
换卡工本费	10.00 元 / 卡	10.00 元 / 卡	10.00 元 / 卡	——
换卡（同卡号换卡）	15.00 元 / 卡	免费	免费	——
开户不满三个月销卡	免费	免费	免费	——
账户管理费	2.00 元 / 月	5.00 元 / 月	20.00 元 / 月	1、普通客户普通卡账户日均余额超过 1000.00 元免收，吉祥金卡、安盈卡客户对不达标客户收取 2、已签约开立的代发工资账户、退休金账户、低保账户、医保账户、失业保险账户、住房公积金账户的年费和账户管理费（含小额账户管理费）免收
开具存款证明	20.00 元 / 份	20.00 元 / 份	5 折	——
贷款证明业务	50.00 元	5 折	免费	——
结算资信证明	50.00 元	5 折	免费	——
短信通服务	暂免 (0.10 元 / 条或 3.00 元 / 季)	免费	免费	——
调阅签购单手续费	境内原件人民币 50.00 元，复印件人民币 20.00 元 / 笔，境外复印件美元 3.00 元 / 笔	境内原件人民币 50.00 元，复印件人民币 20.00 元 / 笔，境外复印件美元 3.00 元 / 笔	境内原件人民币 50.00 元，复印件人民币 20.00 元 / 笔，境外复印件美元 3.00 元 / 笔	——

续表

客户类型\收费项目		普通客户	金卡客户	安盈客户	备注
补打对账单（打印历史交易明细）	1年以内	免费	免费	免费	按需补打对账单的月份距打印日区分
	1年以上	20.00元/份	20.00元/份	20.00元/份	
补制回单	3个月（含）以内	10.00元/份	5折	免费	按需补制回单的业务日期距打印日区分
	3个月—1年（含）内	10.00元/份	10.00元/份	10.00元/份	
	1年以上	20.00元/份	20.00元/份	20.00元/份	
（二）结算业务					
大额提现手续费	执行区间：3月－11月	暂免［个人当日累计10万元以上（不含）的现金支取，按支取金额超出10万元部分的0.07%收取，最低10.00元］	暂免［个人当日累计10万元以上（不含）的现金支取，按支取金额超出10万元部分的0.07%收取，最低10.00元］	暂免［个人当日累计10万元以上（不含）的现金支取，按支取金额超出10万元部分的0.07%收取，最低10.00元］	适用于深圳分行，其他分行在当地没有相关规定的暂不收取此项费用。
	执行区间：12月－次年2月	暂免［个人当日累计10万元以上（不含）的现金支取，按支取金额超出10万元部分的0.1%收取，最低10.00元］	暂免［个人当日累计10万元以上（不含）的现金支取，按支取金额超出10万元部分的0.1%收取，最低10.00元］	暂免［个人当日累计10万元以上（不含）的现金支取，按支取金额超出10万元部分的0.1%收取，最低10.00元］	
借记卡ATM境内同城跨行查询		免费	免费	免费	——
借记卡ATM境内同城跨行查询		免费	免费	免费	——
借记卡ATM境内同城跨行取款		暂免（2.00元）	暂免（8折）	免费	——

续表

<table>
<tr><th colspan="2">客户类型\收费项目</th><th>普通客户</th><th>金卡客户</th><th>安盈客户</th><th>备注</th></tr>
<tr><td colspan="2">借记卡ATM境内异地跨行取款</td><td>暂免（3.60元）</td><td>暂免（8折）</td><td>暂免（每月首笔免收）</td><td>——</td></tr>
<tr><td colspan="2">借记卡ATM境外查询</td><td>暂免（2.00元）</td><td>暂免（8折）</td><td>免费</td><td>——</td></tr>
<tr><td colspan="2">借记卡ATM境外取款</td><td>暂免（12.00元）</td><td>暂免（8折）</td><td>免费</td><td>——</td></tr>
<tr><td colspan="2">国际卡通过万事达网络查询账户余额</td><td>暂免（0.50美元）</td><td>暂免（8折）</td><td>免费</td><td>——</td></tr>
<tr><td colspan="2">国际卡通过万事达网络取款</td><td>暂免（3.00美元）</td><td>暂免（8折）</td><td>免费</td><td>——</td></tr>
<tr><td rowspan="3">ATM/CRS行内同城</td><td>存款</td><td>免费</td><td>免费</td><td>免费</td><td>——</td></tr>
<tr><td>取款</td><td>免费</td><td>免费</td><td>免费</td><td>——</td></tr>
<tr><td>转账</td><td>免费</td><td>免费</td><td>免费</td><td>——</td></tr>
<tr><td rowspan="3">平安银行与深圳发展银行ATM/CRS同城</td><td>存款</td><td>免费</td><td>免费</td><td>免费</td><td rowspan="3">1、平安卡在深圳发展银行设置的ATM/CRS办理的平安银行、深发银行的相关业务
2、平安卡在平安银行设置的ATM/CRS办理的与深发银行之间的相关业务</td></tr>
<tr><td>取款</td><td>免费</td><td>免费</td><td>免费</td></tr>
<tr><td>转账</td><td>免费</td><td>免费</td><td>免费</td></tr>
<tr><td rowspan="3">ATM/CRS行内异地</td><td>存款</td><td>暂免（存款金额×0.5%，最低1.00元/笔，最高10.00元）</td><td>暂免（存款金额×0.5%，最低1.00元/笔，最高10.00元）</td><td>暂免（存款金额×0.5%，最低1.00元/笔，最高10.00元）</td><td>——</td></tr>
<tr><td>取款</td><td>暂免(2.00元/笔)</td><td>免费</td><td>免费</td><td>——</td></tr>
<tr><td>转账</td><td>暂免（汇款金额×0.3%，最低2.00元/笔，最高30.00元/笔）</td><td>暂免（汇款金额×0.3%，最低2.00元/笔，最高30.00元/笔）</td><td>免费</td><td>——</td></tr>
</table>

续表

客户类型\收费项目		普通客户	金卡客户	安盈客户	备注
ATM/CRS同城跨行转账	￥≤1万元	3.00元	3.00元	免费	——
	1万元<￥≤5万元	5.00元	5.00元	免费	——
	5万元<￥≤10万元	8.00元	8.00元	免费	——
	￥>10万元	10.00元	10.00元	免费	——
ATM/CRS异地跨行转账	￥≤1万元	3.00元	3.00元	免费	——
	1万元<￥≤5万元	5.00元	5.00元	免费	——
	5万元<￥≤10万元	8.00元	8.00元	免费	——
	￥>10万元	10.00元	10.00元	免费	——
柜台本行系统内通存通兑	同城	免费	免费	免费	涉及平安银行与深圳发展银行之间的交易则需按《"平深通"平安银行借记卡交易手续费收费标准》执行
	异地	暂免(0.2%，最低1.00元，最高10.00元)	免费	免费	
柜台同城跨行普通转账		2.00元/笔	8折	免费	可按当地人民银行规定执行
柜台同城实时支付	￥≤1万元	手续费0.50元/笔，邮电费5.00元/笔	8折	免费	——
	1万元<￥≤10万元	手续费0.50元/笔，邮电费10.00元/笔	8折	免费	——
	10万元<￥≤50万元	手续费0.50元/笔，邮电费15.00元/笔	8折	免费	——
	50万元<￥≤100万元	手续费0.50元/笔，邮电费20.00元/笔	8折	免费	——
	￥>100万元	手续费0.50元/笔，邮电费为汇款金额的0.002%，最高200.00元	8折	免费	——

续表

客户类型\收费项目		普通客户	金卡客户	安盈客户	备注
柜台异地汇款（汇兑）	¥≤1万元	手续费0.50元/笔，邮电费5.00元/笔	8折	免费	根据客户书面委托，2小时内资金到账的加急汇款，邮电费在普通汇费基础上加收30%
	1万元<¥≤10万元	手续费0.50元/笔，邮电费10.00元/笔	8折	免费	
	10万元<¥≤50万元	手续费0.50元/笔，邮电费15.00元/笔	8折	免费	
	50万元<¥≤100万元	手续费0.50元/笔，邮电费20.00元/笔	8折	免费	
	¥>100万元	手续费0.50元/笔，邮电费为汇款金额的0.002%，最高200.00元	8折	免费	
未在银行开户的个人汇款和办理银行汇票	5000.00元以下	按票面金额的1%收取，最低5.00元	——	——	——
	5000.00元（含）以上	50.00元/笔	——	——	——
网银（电银、本行自助查询终端）本行系统内通存通兑		暂免(2.00元/笔)	免费	免费	——
网银（电银）同城跨行普通转账		暂免(1.00元/笔)	暂免（8折）	免费	——
网银同城实时支付（含电话银行）	¥≤1万元	暂免(手续费0.50元/笔，邮电费5.00元/笔)	暂免（8折）	免费	——
	1万元<¥≤10万元	暂免(手续费0.50元/笔，邮电费10.00元/笔)	暂免（8折）	免费	——
	10万元<¥≤50万元	暂免(手续费0.50元/笔，邮电费15.00元/笔)	暂免（8折）	免费	——
	50万元<¥≤100万元	暂免(手续费0.50元/笔，邮电费20.00元/笔)	暂免（8折）	免费	——
	¥>100万元	暂免（手续费0.50元/笔，邮电费为汇款金额的0.002%，最高200.00元）	暂免（8折）	免费	——

续表

客户类型\收费项目		普通客户	金卡客户	安盈客户	备注
网银异地汇款（含电话银行）	￥≤100.00元	暂免（1.00元）	暂免（8折）	免费	——
	100.00元<￥≤1万元	暂免（5.50元）	暂免（8折）	免费	——
	1万元<￥≤10万元	暂免(7.00元)	暂免（8折）	免费	——
	10万元<￥≤50万元	暂免（9.00元）	暂免（8折）	免费	——
	50万元<￥≤100万元	暂免（15.00元）	暂免（8折）	免费	——
	￥>100万元	暂免（20.00元）	暂免（8折）	免费	——
本行自助查询终端同城跨行普通转账		1.00元/笔	免费	免费	——
本行自助查询终端同城实时支付	￥≤1万元	手续费0.50元/笔，邮电费5.00元/笔	8折	免费	——
	1万元<￥≤10万元	手续费0.50元/笔，邮电费10.00元/笔	8折	免费	——
	10万元<￥≤50万元	手续费0.50元/笔，邮电费15.00元/笔	8折	免费	——
	50万元<￥≤100万元	手续费0.50元/笔，邮电费20.00元/笔	8折	免费	——
	￥>100万元	手续费0.50元/笔，邮电费为汇款金额的0.002%，最高200.00元	8折	免费	——
本行自助查询终端异地汇款	￥≤100.00元	1.00元	8折	免费	——
	100.00元<￥≤1万元	5.50元	8折	免费	——
	1万元<￥≤10万元	7.00元	8折	免费	——

续表

客户类型\收费项目		普通客户	金卡客户	安盈客户	备注
本行自助查询终端异地汇款	10 万元<¥≤50 万元	9.00 元	8 折	免费	——
	50 万元<¥≤100 万元	15.00 元	8 折	免费	——
	¥>100 万元	20.00 元	8 折	免费	——
农民工服务		按照取现金额的 0.8% 收取，最低 1.00 元，最高 20.00 元	按照取现金额的 0.8% 收取，最低 1.00 元，最高 20.00 元	按照取现金额的 0.8% 收取，最低 1.00 元，最高 20.00 元	——
跨行通		暂免 (2.00 元)	暂免 (8 折)	免费	——
(三) 票据结算					
个人支票		工本费 0.20 元/份，手续费 1.00 元/笔或份	——	——	——
印鉴变更费		10.00 元/次/户	——	——	——
印鉴挂失费		50.00 元/次/户	——	——	因挂失造成印鉴变更不重复收取印鉴变更费
票据挂失		符合规定的汇票、本票、支票，票面金额的 0.1%，最低 5.00 元	——	——	银行汇票的挂失止付人要求通知对方行，另收邮费和电报费
银行汇票	银行汇票申请书	工本费 0.20 元/笔	——	——	——
	签发银行汇票	工本费 0.28 元/笔，手续费 1.00 元/笔，邮电费与汇兑业务的电子汇划费标准一致	——	——	——
	兑付现金汇票	按兑付金额的 0.01% 收取现金清点费，最低 5.00 元，最高 500.00 元，免收兑付手续费	——	——	——

续表

客户类型\收费项目		普通客户	金卡客户	安盈客户	备注
银行本票	银行本票申请书	工本费 0.20 元	——	——	由代理付款行向持票人收取
	签发银行本票	工本费 0.20 元，手续费 1.00 元/笔	——	——	
	兑付银行本票	免除	——	——	
(四)其他					
代发工资		深圳、上海地区：户均代发金额 ≤ 1000.00 元，5.00 元/笔；1000.00 元 < 户均代发金额 ≤ 3000.00 元，3.00 元/笔；3000.00 元 < 户均代发金额，免费	——	——	由委托方支付
		广州、杭州地区：户均代发金额 ≤ 1000.00 元，5.00 元/笔；1000.00 <户均代发金额≤ 2500.00 元，3.00 元/笔；2500.00 元 < 户均代发金额，免费	——	——	
其他代收付业务		1.00 元/笔	——	——	由委托方支付
网上购物/缴费		免费	免费	免费	——
保管箱业务		根据箱型大小定价	8 折	5 折	由分行根据情况确定价格和优惠标准

注释 1. 金卡客户和安盈客户需符合我行相关标准或有关优惠条件方可享受相应的价格优惠，否则按普通客户收费标准收费。

安盈客户指①同一个人客户在我行近三个月月度日均金融资产最高值达到人民币四十万元（含）的客户；②持有安盈理财卡（含安盈国际卡客户、万事顺金卡客户），且被成功扣收相应账户管理费的客户。

金卡客户指①同一个人客户在我行近三个月月度日均金融资产最高值达到人民币五万元（含）至四十万元的客户；②持有吉祥金卡（含吉祥 VIP 客户、万事顺银卡客户），且被成功扣收相应账户管理费的客户。

注释2.安盈卡客户（含安盈国际卡客户、万事顺金卡客户）：2010年3月1日起将对客户开立安盈卡满六个月且资产不达标客户按月按客户收取账户管理费（月日均资产40万为达标安盈卡客户）。

注释3.本次调整内容主要为上表中加粗字体项目，自2011年11月7日开始执行。

注释4.本收费标准由平安银行负责制定和解释。

注释5.除ATM行内异地存款本次调整为暂免收费以外，其他收费定价标准与《"平深通"平安银行借记卡交易手续费收费标准》（已于10月15日实施）一致。

数据来源：平安银行 http://bank.pingan.com/index.shtml

附录1.7　广州发展银行自助银行收费标准

收费业务类别及名称	基准价格	上下浮动幅度	备注
借记卡同城、异地广发银行内转账	暂不收费	——	——
借记卡同城跨行转账	转出金额在1万元（含）以内的，按每笔3.00元收取；1万元—5万元（含），按每笔5.00元收取；5万元—10万元（含），按每笔8.00元收取；10万元以上的，按每笔10.00元收取	——	他行卡在我行设备上交易的手续费请咨询发卡行
借记卡异地跨行转账	转出金额1%，最低不少于5.00元，最高50.00元	——	他行卡在我行设备上交易的手续费请咨询发卡行
借记卡同城、异地广发银行内取款（含手机预约取现）	暂不收费	——	——
借记卡同城、异地广发银行内存款（含无卡无折存款）	暂不收费	——	——
电子回单箱租金	每月每箱收取2.00—100.00元	——	——

数据来源：广州发展银行 http://www.gdb.com.cn:8000/gfnotice.html

附录 1.8　广州发展银行常见银行服务项目收费标准

收费业务类别及名称	基准价格	上下浮动幅度	备注
结算业务	——	——	——
1、人民币支付结算	——	——	——
（1）签发银行汇票	按每笔 1.00 元收手续费或按当地人行规定执行	——	收凭证工本费
（2）兑付银行汇票	参照电子汇划费收取	——	——
（3）签发银行本票	按每笔 0.60 元收手续费或按当地人行规定执行	——	收凭证工本费
（4）支票	按每笔 0.60 元收手续费或按当地人行规定执行	——	收凭证工本费
（5）电汇（含信汇）	每笔收 0.50 元手续费或按当地人行规定执行	——	电子汇划费
（6）汇出汇款（个人未在银行开立结算账户）	按汇款金额 1% 收取，最高不超过 50.00 元	——	——
（7）退汇	按每笔 0.50 元收手续费或按当地人行规定执行	——	——
（8）发出托收承付、委托收款	按每笔 1.00 元收手续费或按当地人行规定执行	——	——
（9）划回托收承付、委托收款	参照电子汇划费收取	——	——
（10）符合规定的汇票、本票、支票挂失	按挂失金额的 0.1% 收取，最低不少于 5.00 元	——	银行汇票挂失要求通知对方另收电子汇划费
（11）单位主动查询	按每笔 0.50 元收手续费或按当地人行规定执行	——	——
（12）电子汇划费	1 万元（含）以内，收 5.00 元；1 万元—10 万元（含），收 10.00 元；10 万元—50 万元（含），收 15.00 元；50 万元—100 万元（含），收 20.00 元；100 万元以上，收汇划金额的 0.002%，最高不超过 200.00 元	——	——
（13）银行承兑汇票	按票面金额 0.05% 收取，单笔最低不少于 100.00 元	——	交足了保证金，期限最长六个月

续表

收费业务类别及名称	基准价格	上下浮动幅度	备注
（14）同城跨行汇款、转账业务	按当地人行规定执行	——	跨行业务
2、个人银行业务	——	——	——
（1）发行借记卡	按 5.00 元 / 卡收工本费	——	——
（2）个人挂失业务	按每次 10.00 元收取	——	卡、折、单、证
（3）同城通存通兑	暂不收费	——	——

数据来源：广州发展银行 http://www.gdb.com.cn:8000/gfnotice.html

附录 1.9　招商银行常见个人业务收费标准

业务类型	收费标准
柜面异地快速汇款（本行）	按汇款金额的 0.5% 收取，最低 5.00 元
柜面异地通存通兑（需刷卡）	按存取金额的 0.5% 收取，最低 5.00 元
柜面异地普通汇款 (在我行未开账户需现金汇)(他行、对公户)	按汇款金额的 1% 收取，最低 1.00 元，最高 50.00 元
柜面异地普通汇款(在我行有账户)(他行、对公户)	1 万元 (含) 以下：5.50 元
	1-10 万元 (含)：10.50 元
	10-50 万元 (含)：15.50 元
	50-100 万元 (含)：20.50 元
	100-1000 万元 (含)：转账金额的 0.002% 再加上 0.50 元
	1000 万元以上：200.50 元
柜面同城他行转账	分行自定，以分行对外公告为准
ATM 异地取款手续费	按取款金额的 0.5% 收取，最低 5.00 元
ATM 跨行取款手续费	2.00 元至 4.00 元 / 笔（说明：如异地取款，还需要加收 ATM 异地取款手续费）
专业版同城他行转账（普通模式）	2.00 元 / 笔
专业版同城他行转账（快速模式）	3.00 元 / 笔
专业版异地快速汇款（本行）	按单笔汇款金额的 0.2% 收取，最低 5.00 元，最高 50.00 元
专业版异地跨行汇款（快速模式）	按汇款金额的 0.6%， 最低 5.00 元，最高 50.00 元收取（2011 年 1 月 1 日 -2011 年 12 月 31 日优惠）每笔汇款交易按汇款金额 0.5% 收取手续费，手续费最低为 2.00 元，最高为 25.00 元
专业版异地跨行汇款（普通模式）	按汇款金额的 0.25%，最低 5.00 元，最高 25.00 元收取（2011 年 1 月 1 日至 2011 年 12 月 31 日优惠）每笔汇款交易按汇款金额 0.25% 收取手续费，手续费最低为 2.00 元，最高为 25.00 元
专业版跨行转账 \ 汇款（实时模式）	按汇款金额的 0.6%， 最低 5.00 元，最高 50.00 元收取（2011 年 1 月 1 日 -2011 年 12 月 31 日优惠）每笔汇款交易按汇款金额 0.25% 收取手续费，手续费最低为 2.00 元，最高为 25.00 元

续表

业务类型	收费标准
账户管理费	按普卡、金卡、金葵花卡分别进行收费 收费标准由分行自定，以分行对外公告为准
挂失（卡折挂失、卡折挂失申请书挂失）	10.00 元 / 次
境内异地特殊业务	按每笔金额的 2%，最低 80.00 元，最高 200.00 元
境内跨行交易调单	正本 50.00 元 / 份，副本 10.00 元 / 份
跨年度查账打印	最近一年每次收取 10.00 元，每向前递增一年加收 10.00 元
开具存款证明	20.00 元 / 份
移动数字证书工本费	60.00 元 / 个

数据来源：招商银行 http://www.cmbchina.com/

附录 1.10　东亚银行（中国）账户业务资费标准

收费项目	收费标准
个人普通人民币账户 账户管理费	等值 10.00 元 / 月 1. 对账户日均余额低于 5000.00 元的收取 2. 员工账户、代发业务、信用卡还款账户、贷款还款账户、代扣业务、理财业务账户（包括基金、银行理财产品、保险、三方存管等）免收 注：代发业务账户包括代发工资账户、退休金账户、低保账户、医保账户、失业保险账户、住房公积金账户
户口结余证明书 / 通知或定期存款证明 / 资信证明（个人客户）	20.00 元 / 份
补制客户回单、月结单 / 或影印交易记录	三个月内，免收； 超过三个月的当年业务，20.00 元 / 笔；前一年度，50.00 元 / 笔； 前两年度（及以上），100.00 元 / 笔。 注：对于无折无单类的账户，打印最近一年内交易明细，可免予收费
支票户口刻章手续费	60.00 元
零钞存现费 （对公收取，对私不收取）	外币硬币每枚收取 0.80 元 20 枚（含）以下免收；自第 21 枚起收费
人民币硬币每枚收取 0.10 元 50 枚（含）以下免收；自第 51 枚起收费，最高收费 50.00 元	
提现费（汇转钞）	金额的 0.5%，最低 80.00 元
钞转汇费用（外币）	按客户汇出的现钞金额与按当天牌价折算成现汇金额的差价收取收费标准公式如下： （汇卖价 / 钞买价 -1）× 本金

数据来源：东亚银行中国网站 http://www.hkbea.com.cn/

附录 1.11　东亚银行（中国）支付结算资费标准

收费项目		收费标准
电汇业务（人民币）	1 万元以下（含）	手续费 0.50 元 / 笔；电子汇划费：5.00 元 / 笔 注：根据客户书面委托，保证在 2 小时内资金到达收款方开户行的加急即时业务，以前述电子汇划费为基数加收 30% 财政金库、救灾、抚恤金免收相关费用
1 万元－ 10 万元（含）		手续费 0.50 元 / 笔；电子汇划费：10.00 元 / 笔 注：根据客户书面委托，保证在 2 小时内资金到达收款方开户行的加急即时业务，以前述电子汇划费为基数加收 30% 财政金库、救灾、抚恤金免收相关费用
10 万元－ 50 万元（含）		手续费 0.50 元 / 笔；电子汇划费：15.00 元 / 笔 注：根据客户书面委托，保证在 2 小时内资金到达收款方开户行的加急即时业务，以前述电子汇划费为基数加收 30% 财政金库、救灾、抚恤金免收相关费用
50 万元－ 100 万元（含）		手续费 0.50 元 / 笔；电子汇划费：20.00 元 / 笔 注：根据客户书面委托，保证在 2 小时内资金到达收款方开户行的加急即时业务，以前述电子汇划费为基数加收 30% 财政金库、救灾、抚恤金免收相关费用
100 万元以上		手续费 0.50 元 / 笔； 电子汇划费用：每笔按汇划金额 0.002% 收取，最高 200.00 元 注：根据客户书面委托，保证在 2 小时内资金到达收款方开户行的加急即时业务，以前述电子汇划费为基数加收 30% 财政金库、救灾、抚恤金免收相关费用
职工工资账户、退休金账户、养老金账户		手续费 0.50 元 / 笔；电子汇划费：2.00 元 / 笔 注：根据客户书面委托，保证在 2 小时内资金到达收款方开户行的加急即时业务，以前述电子汇划费为基数加收 30% 财政金库、救灾、抚恤金免收相关费用

数据来源：东亚银行中国网站 http://www.hkbea.com.cn/

附录 1.12　花旗银行账户管理资费标准

项目	花旗睿智理财账户收费	花旗贵宾理财账户收费
账户服务	——	——
账户管理	100.00 元人民币（或等值外币）/ 月 若综合账户总额日平均余额不低于 80000.00 元或等值外币，免费	200.00 元（或等值外币）/ 月 若综合账户总额日平均余额不低于 500000.00 元或等值外币，免费
美元 / 港元 / 欧元 / 日元现金存款	免费	免费
美元 / 港币现金提现	0.4 %（最低收费人民币 40.00 元或等值外币）	免费
欧元 / 日元现金提现（仅广州）	0.4 %（最低收费人民币 40.00 元或等值外币）	免费

数据来源：花旗中国银行 http://www.citibank.com.cn/homepage/cn/cn_homepage.htm

附录 1.13　汇丰中国银行业务资费标准

现金汇款		
提取外币现钞	——	免费
海外汇款		
外币现钞转兑现汇	——	免费
汇入汇款存入汇丰账户	——	免费
环球网上银行转账	——	免费
于汇丰集团内同名账户之间通过网上银行汇款	——	免费
汇款查询 / 调查	——	免费
托收票据	票据金额美元 5000.00 元 / 等值或以上	免费
托收旅行支票	单次托收金额美元 5000.00 元 / 等值或以上，资金收妥后需存入外币现钞账户	免费
即时电汇由汇丰内地收费	开户后首次进帐	免费
	之后	免费

注释 1. 同一客户号码下的所有账户之月内日均总余额包括以下项目：人民币及外币存款双币投资、到期保本型、到期部分保本型结构性投资产品的投资本金额、我行推出的其他投资产品（包括代客境外理财计划）的市值；

注释 2. 卓越理财客户必须符合以下任一条件方可享受该等优惠费率：（1）上月同一客户号码下所有账户月内日均总余额不低于最低账户总余额；（2）或者已经全额缴付服务月费将汇丰中国内地作为非主关系行的国际卓越理财客户不受本条限制。

注释 3. 于汇丰集团内同名账户之间通过网上银行免费汇款，此项不适用于于中国内地和香港之间的人民币汇款；

注释 4. 托收票据，票据金额美元 5,000 元 / 等值或以上免费，此项不适用于深圳托收香港的港币支票；

注释 5. 汇入汇款存入汇丰账户免费，此处的免费是指汇丰银行（中国）有限公司（“汇丰中国”）免收因汇入汇款存入汇丰账户而发生的应由汇丰中国收取的本地手续费；

注释 6. 于汇丰集团内同名账户之间通过网上银行汇款，此处免费是指汇丰中国免收于汇丰集团内同名账户之间通过网上银行汇款而发生的应由汇丰中国收取的本地手续费。

数据来源：汇丰中国银行 http://www.hsbc.com.cn/1/2/

附录 2.1　部分商业银行境外取款手续费标准

银行名称	查询	取款	每日金额限制
平安银行	免费	免费	港澳等值 1 万元 其他地区 每日累计不过 1000.00 美元，每日取现 + 消费不超过 6000.00 美元；每月取现不超过 5000.00 美元或等值外币；半年累计不超过 10000.00 美元或等值外币
华夏银行	上海、北京、广州、深圳地区开办的卡片每日每卡查询前 3 笔免费，之后每笔 2.00 元。外汇卡查询每笔 0.50 美元	上海地区开办的卡片每日每卡取款前 3 笔免费，之后每笔 12.00 元；北京、广州、深圳地区开办的卡片每日每卡取款 1 笔免费，之后每笔 12.00 元；外汇卡可在有 Cirrus 或 MasterCard 标志的机器上取款，每笔 3.00 美元，在美国取款收 0.8% 跨国交易费	普通卡每日取款不超过等值 1 万元 外汇卡一天内累计不能超过等值 1000.00 美元，一个月内累计不能超过 5000.00 美元，6 个月内累计不能超过 1 万美元
上海银行	免费	取款每笔 12.00 元	一次最多等值 3000.00 元，最高 2 万元
光大银行	免费	取款每笔 15.00 元	每天 4 笔，金额无限制
民生银行	免费	普通借记卡取款每笔 15.00 元	等值 1 万元
	免费	VISA 国际卡按取款金额 1% 收取，最低 2.00 美元，最高 10.00 美元。若当地币种与结算币种不同，将增加 1% 货币转换费	一天内不能超过等值 1000.00 美元，一个月内累计不能超过 5000.00 美元，6 个月内不得超过 1 万美元
中信银行	免费	普通借记卡取款每笔 15.00 元	每日等值 1000 美元
	免费	VISA 国际卡按取款金额 1% 收取，最低 2.00 美元，最高 100.00 美元	每日等值 1000 美元
广发银行	查询每月前 3 笔免收手续费，之后每笔 2.00 元	普卡取款每笔 15.00 元，贵宾卡取款免费	等值 1 万元
深发展	每笔 2.00 元	取款每笔 15.00 元	等值 1 万元
中国银行	每笔 4.00 元	取款每笔 15.00 元	等值 1 万元

续表

银行名称	查询	取款	每日金额限制
兴业银行	普通卡查询每笔 2.00 元	普通理财卡取款每笔 16.00 元，黑白金客户免费，金卡减半。在日本 ATM 机取款，日方机构会额外收取每笔 100.00 日元手续费，该费用所有兴业客户均要承担	等值 1 万元人民币
招商银行	上海、北京、深圳开立一卡通目前不收费，广州每笔 4.00 元	银联渠道按交易金额 0.5% 收取， 最低 10.00 元。VISA 或 MasterCard 渠道按取款金额 1% 收取，最低 2.00 美元	VISA 或 MasterCard 同一个户口下，一天内不能超过等值 1000.00 美元，一个月内累计不能超过 5000.00 美元，6 个月内累计不得超过 1 万美元，1 年内累计不能超过 2 万美元。银联每日不过 1 万人民币
农业银行	每笔 4.00 元	按取款金额 1%，再加 12.00 元收取	等值 5000.00 元
建设银行	理财卡查询每笔 0.50 美元	普通借记卡按取款金额 1%, 再 12.00 元收取；理财卡可在 VISA 或 MasterCard 标识机器上取款，按取款金额的 3% 收取，最低 3.00 美元，若通过银联渠道取款，与普通借记卡标准相同	等值 1 万元人民币；VISA 或 MasterCard 同一个户口下，一天内不能超过等值 1000.00 美元，一个月内累计不能超过 5000.00 美元，6 个月内累计不得超过 1 万美元，1 年内累计不能超过 2 万美元。银联每日不过 1 万人民币
工商银行	每笔 4.00 元	按取款金额 1%，再加 12.00 元收取，最低 14.00 元，最高 112.00 元	等值 1 万元人民币
交通银行	每笔 4.00 元	按取款金额 1%，再加 12.00 元收取，最低 15.00 元	等值 1 万元人民币

注释 1. 此处取现为银联通道。

数据来源：理财周刊 http://money.msn.com.cn/bank/credit_card/86391_2.shtml

附录 2.2　招商银行常见外币业务收费标准

业务类型	收费标准
柜面异地快速汇款（本行）（限收款行开通的外币现钞币种）	按汇款金额的 0.5% 收取，最低收 5.00 元人民币（汇款币种）
柜面异地通存通兑（需刷卡）	按存取金额的 0.5%，最低收 5.00 元人民币（存取币种）
柜面境内同城、异地和境外汇出汇款	按汇款手续费的 0.1% 收取，最低 100.00 元，最高 1000.00 元；钞转汇手续费：分行自定，以分行对外公告为准

注释 1. 述已明确收费项目外，招商银行仍有可能对新提供其他服务项目进行收费，具体以受理营业网点的公告为准，敬请留意。

注释 2. 上述收费项目的减免等优惠政策，以受理营业网点的公告为准，敬请留意。

注释 3. 上述境外收费项目为招商银行根据相关国际组织目前规定标准确定，如遇相关国际组织调整相应收费标准，招商银行将随之调整，敬请留意网点公告。

注释 4 上述收费标准的解释权归招商银行所有。

注释 5. 本表内容仅供参考，部分业务以当地网点的公告与具体规定为准。

数据来源：招商银行 http://www.cmbchina.com/

附录 3.1 部分商业银行信用卡分期付款手续费标准

银行名称	分期付款手续费标准					
分期	3 期	6 期	9 期	12 期	18 期	24 期
中信银行	0.72%	0.66%	0.66%	0.65%	0.70%	0.70%
中国银行	1.95%	3.6%	5.4%	7.2%	11.7%	15%
招商银行	2.6%	4.2%	——	7.2%	——	——
农业银行	1.8%	3.6%	5.4%	7.2%	——	14.4%
交通银行	分期手续费率按分期付款金额收取：1500.00-6500.00 元为 0.72%/ 期；6500.00 元 -12500.00 元为 0.70%/ 期；12500.00 元以上为 0.68%/ 期					
工商银行	1.65%	13.6%	5.4%	7.2%	11.7%	15.6%
建设银行	0.7%	0.6%	——	0.6%	0.6%	0.6%
广州发展银行	0.65%	0.65%	——	0.65%	0.7%	0.72%
光大银行	2%	3.5%	5%	7%	——	9.5%

数据来源：中信银行 http://bank.ecitic.com/

中国银行 http://www.boc.cn/

招商银行 http://www.cmbchina.com/

农业银行 http://www.abchina.com/cn/

交通银行 http://www.bankcomm.com/BankCommSite/cn/index.html

工商银行 http://www.icbc.com.cn/icbc/

建设银行 http://www.ccb.com/cn/home/index.html

广州发展银行 http://www.gdb.com.cn:8000/gfnotice.html

大银行 http://www.cebbank.com/Site/ceb/cn

附录 3.2　广发银行个人信用卡费率表（标准／车主／希望／真情／南航明珠信用卡）

<table>
<tr><th colspan="2">收费项目</th><th colspan="2">收费标准</th></tr>
<tr><td></td><td></td><td>双 币</td><td>人民币</td></tr>
<tr><td rowspan="6">年 费</td><td rowspan="2">广发个人卡</td><td rowspan="4">金卡主卡：260.00 元
金卡附卡：130.00 元
普卡主卡：90 .00 元
普卡附卡：45.00 元
（南航卡暂不设附属卡）</td><td>金卡主卡：80.00 元金卡附卡：48.00 元</td></tr>
<tr><td>普卡主卡：40.00 元普卡附卡：30.00 元</td></tr>
<tr><td rowspan="2">广发真情卡</td><td>金卡主卡：85.00 元金卡附卡：55.00 元</td></tr>
<tr><td>普卡主卡：45.00 元普卡附卡：35.00 元</td></tr>
<tr><td>南航卡非常版</td><td>30.00 元</td><td>——</td></tr>
<tr><td>希望卡</td><td>——</td><td>40.00 元</td></tr>
<tr><td colspan="2">境内透支提现手续费</td><td colspan="2">按境内透支提现金额的 2.5% 计收，最低：10.00 元</td></tr>
<tr><td colspan="2">境内透支转账手续费</td><td colspan="2">按境内透支转账金额的 2.5% 计收，最低：10.00 元</td></tr>
<tr><td colspan="2">境外提现手续费</td><td colspan="2">按境外提现金额 3% 计收，最低：15.00 元 /USD3.00</td></tr>
<tr><td colspan="2">超限费</td><td colspan="2">按超限额的 5% 计收　最低 :10.00 元 /USD1 .00　最高：200.00 元 /USD20.00</td></tr>
<tr><td colspan="2">滞纳金</td><td colspan="2">按月结账单最低还款额未还部份的 5% 计收，最低：20.00 元 /USD2.00</td></tr>
<tr><td colspan="2">循环信用利息</td><td colspan="2">日息万分之五，最低 1.00 元 /USD1.00</td></tr>
<tr><td colspan="2">调阅签单证明副本手续费（每份）</td><td colspan="2">双币卡：20.00 元 /USD5 .00 人民币卡：8.00 元</td></tr>
<tr><td colspan="2">调阅出钞证明手续费（每份）</td><td colspan="2">双币卡：20.00 元　人民币卡：8.00 元</td></tr>
<tr><td colspan="2">调阅旅行娱乐消费清单手续费（每份）</td><td colspan="2">双币卡：USD25.00</td></tr>
<tr><td colspan="2">开具（存款、主附卡关系、交易等）证明手续费（每份）</td><td colspan="2">人民币账户：20.00 元，美元账户：USD3.00</td></tr>
<tr><td colspan="2">重出对账单（每份）</td><td colspan="2">按重出对账单月份收取 2.00 元 / 期，每年可免费提供一次近 12 期对账单。</td></tr>
</table>

续表

<table>
<tr><th colspan="2">收费项目</th><th>收费标准</th></tr>
<tr><td colspan="2">挂失费</td><td>双币卡 / 人民币卡：35.00 元</td></tr>
<tr><td colspan="2">重制卡 (每卡)</td><td>15.00 元</td></tr>
<tr><td colspan="2">快速发卡手续费（1 个工作日内 EMS 寄出）</td><td>80.00 元 / 卡</td></tr>
<tr><td colspan="2">加急费</td><td>对重制卡 / 密码信、重出对账单、开具 (存款、主附关系、交易等) 证明、补寄资料、开具发票、调阅签单证明副本、调阅旅行娱乐消费清单、调阅出钞证明、卡转卡等，可以提供 EMS 邮寄的业务，按业务笔数收取，收费标准为 20.00 元</td></tr>
<tr><td rowspan="2">全球应急服务</td><td>VISA 卡</td><td>紧急挂失：金卡 USD5.00，普通卡 USD40 提现 / 应急卡：金卡 USD5.00，普通卡 USD180.00</td></tr>
<tr><td>万事达卡 (金、普卡同价)</td><td>应急挂失：USD50.00/ 卡应急卡：USD165.00(美国境内 USD120.00)
应急提现：USD110.00</td></tr>
<tr><td colspan="2">外汇兑换手续费</td><td>1.5%</td></tr>
<tr><td colspan="2">瞬时通 (每卡)</td><td>金、普卡：3.00 元 / 月 / 卡</td></tr>
<tr><td colspan="2">账单分期 / 样样行手续费</td><td>每期收取，每月为 1 期，每期按照申请总额的一定比例收取。3、6、12 期为 0.65%，18 期为 0.7%，24 期为 0.72%，如提前偿还，一次性收取未缴纳的剩余期数的全部手续费用</td></tr>
<tr><td colspan="2">透支取现分期还款手续费</td><td>每期收取，每月为 1 期，每期按照分期付款总金额的一定比例收取。期数有 3、6、12、18、24、36 期，每期费率根据客户用卡情况分为三档，分别为 0.50%、0.60%、0.75%。如提前偿还，一次性收取未缴纳的剩余期数的全部手续费用</td></tr>
<tr><td colspan="2">卡类转换</td><td>以新卡卡类标准，重新收取年费；旧卡已收取的年费不予退还</td></tr>
<tr><td colspan="2">注销卡账户管理费</td><td>从卡片注销生效后六个月起逐月计收，不足一个月按一个月收取，每个注销账户的收费标准为 5.00 元 /USD0.6</td></tr>
</table>

注释 1. 如有变动，以银行最新规定为准。

数据来源：广州发展银行 http://www.gdb.com.cn:8000/gfnotice.html

附录 4.1 部分商业银行网上银行安全工具比较

银行名称	动态密码	数字证书	USB-Key	第三方认证	其他
平安银行	√	——	——	——	SSL128 位网页传输加密；安全控键和软键盘两种密码输入方式
民生银行	——	——	√	√	钓鱼网站主动监测服务
兴业银行	——	√	√	√	网银交易短信保护；SSL128 位高加密；密码锁定保护；超时自动退出
光大银行	√	——	√	√	防伪站信息认证；附加码；键盘控件；限额控制；错误次数控制
中信银行	——	√	√	√	密码控件；网银操作短信提醒
交通银行	√	——	√	——	——
华夏银行	——	——	√	√	——
浦东发展	√	√	√	√	——
建设银行	√	——	√	——	短信服务；双密码控制
招商银行	——	√	√	——	扩展验证 SSL（EV SSL）证书
工商银行	√	——	√	——	短信服务；预留信息验证
中国银行	√	——	——	——	短信服务；预留“欢迎信息”辨别假网站
					登入记录监控异常情况；关键信息屏蔽保障账户安全
农业银行	√	——	√	——	PKI 公钥体系结构；128 位 SSL 安全通信协议；图形码；动态密码键盘
广东发展银行	——	——	√	√	EV SSL 服务器证书验证
					SSL128-bit 安全加密技术；短信服务

续表

银行名称	动态密码	数字证书	USB-Key	第三方认证	其他
恒丰银行	√	——	√	√	——
浙商银行	——	——	√	√	双密码控制；业务多级授权模型；短信服务
渤海银行	√	——	——	√	双密码保护；加密系统

数据来源：南方周末 http://www.infzm.com/content/35096

附录 4.2　部分商业银行网银资费比较

银行名称	同城同行汇款	同城跨行汇款	异地同行汇款	异地跨行汇款
平安银行	免费	免费	免费	免费
民生银行	免费	2.00 元 / 笔	交易金额的 0.1%，最低 1.00 元，最高 50.00 元	手续费 0.50 元，1 万元（含）以下：4.00 元 1-10 万元（含）：8.00 元 10 万－ 50 万元（含）：12.00 元 50 万元－ 100 万元（含）：16.00 元 100 万元以上，交易金额的 0.0016%，最高 160.00 元
兴业银行	免费	非实时转账免费。实时跨行转账：5000.00 元（含)以下收费 2.00 元，5 千 -5 万元（含）收费 3.00 元，5-10 万元（含）收费 5.00 元，10 万元以上收费 8.00 元	免费	非实时转账手手续费 0.50 元 1 万元（含）以下 5.00 元 1-10 万元（含）10.00 元 10-50 万元（含）15.00 元 50-100 万元（含）20.00 元 100 万元以上 0.002%，最高 200.00 元 实时跨行转账：交易金额的 0.5%，最低 5.00 元，最高 50.00 元
中信银行	免费	2.00 元 / 笔	交易金额的 0.2%，最低 1 元，最高 10.00 元	交易金额的 0.5%，最低 1.00 元，最高 25.00 元
光大银行	免费	交易金额的 0.5%，最低 5.00 元，最高 50.00 元。 另外，银联卡 :5000.00 元（含）以下每笔 2.00 元，5000.00 元 -5 万元（含）每笔 3.00 元，5-10 万元（含）每笔 5.00 元交易。从 2009 年 5 月 1 日起三折	交易金额的 0.5 % 最低 2.00 元，最高 20.00 元。从 2009 年 5 月 1 日起 3 折	交易金额的 0.5% 最低 5.00 元，最高 50.00 元。从 2009 年 5 月 1 日起 3 折
交通银行	免费	交易金额的 0.2%，最低 2.00 元，最高 20.00 元	交易金额的 0.15%，最低 1.00 元，最高 50.00 元	交易金额的 0.7%，最低 2.00 元，最高 50.00 元
华夏银行	免费	交易金额的 1%，最低 1.00 元，最高 50.00 元	交易金额的 0.1%，最低 1.00 元，最高 10.00 元	交易金额的 1%，最低 1.00 元，最高 50.00 元

续表

银行名称	同城同行汇款	同城跨行汇款	异地同行汇款	异地跨行汇款
浦东发展银行	免费	交易金额的0.2%，最低2.00元，最高10.00元	交易金额的0.2%，最低2.00元，最高30.00元	交易金额的0.8%，最低2.00元，最高40元
建设银行	免费	交易金额的0.5%，最低1.00元，最高25.00元	交易金额的0.5%，最低1.00元，最高25.00元	交易金额的0.5%，最低1.00元，最高25.00元
招商银行	免费	2.00元/笔	交易金额的0.2%，最低5.00元，最高50.00元	交易金额的1%，最低10.00元，最高50.00元
工商银行	免费	交易金额的0.9%，最低1.80元，最高45.00元	交易金额0.9%，最低1.80元，最高45.00元	交易金额0.9%，最低1.80元，最高45.00元
中国银行	免费	1万元(含)以下5.00元;1-10万元(含)10.00元;10-50万元（含）15.00元；50-100万元（含）20.00元；100万元以上0.002%，最高200.00元	交易金额的0.06%，最低1元，最高12.00元	手续费0.50元，1万元（含）以下5.00元；1-10万元（含）10.00元；10-50万元（含）15.00元；50-100万元（含）20.00元；100万元以上按0.002%收费，最高200.00元
农业银行	免费	交易金额的0.5% 最低1.00元，最高35.00元 备注：1、当地人民银行对跨行同城转账指定收费标准的，可按其标准执行 2、加急业务最高可加收30%加急费	交易金额的0.4%，最低1.00元，最高20.00元	交易金额的0.5% 最低1.00元，最高35.00元

续表

银行名称	同城同行汇款	同城跨行汇款	异地同行汇款	异地跨行汇款
渤海银行	免费	1.00 元 / 笔，加急 5.00 元 / 笔	免费	1.00 元 / 笔，加急 5.00 元 / 笔
广东发展银行	免费	交易金额的 0.2%，最低 1.00 元，最高 30.00 元（优惠：交易金额的 0.01%，最低 1.00 元，最高 3.00 元）	交易金额的 0.05%，最低 1.00 元，最高 20.00 元（优惠：交易金额的 0.01%，最低 1.00 元，最高 5.00 元）	交易金额的 0.2%，最低 1.00 元，最高 30.00 元（优惠：交易金额的 0.01%，最低 1.00 元，最高 8.00 元）
恒丰银行	免费	1 万元（含）以下 5.00 元；1-10 万元（含）10.00 元；10-50 万元（含）15.00 元；50-100 万元（含）20.00 元；100-1000 万元，按 0.002% 收费，1000 万以上，200.00 元	免费	1 万元（含）以下 5.00 元；1-10 万元（含）10.00 元；10-50 万元（含）15.00 元；50-100 万元（含）20.00 元；100-1000 万元，按 0.002% 收费，1000 万以上，200.00 元。
浙商银行	免费	小于 5 万元（含）1.00 元 / 笔，大于 5 万元，交易金额的 0.01%，最低 1.00 元，最高 10.00 元	免费	小于 5 万元（含）1.00 元 / 笔，大于 5 万元，交易金额的 0.01%，最低 1.00 元，最高 10.00 元

数据来源：工商银行 http://www.icbc.com.cn/icbc/
中国银行 http://www.boc.cn/
建设银行 http://www.ccb.com/cn/home/index.html
农业银行 http://www.abchina.com/cn/
交通银行 http://www.bankcomm.com/BankCommSite/cn/index.html
平安银行 http://bank.pingan.com/index.shtml
民生银行 http://www.cmbc.com.cn/
兴业银行 http://www.cib.com.cn/netbank/cn/index.html
光大银行 http://www.cebbank.com/Site/ceb/cn
中信银行 http://bank.ecitic.com/
华夏银行 http://www.hxb.com.cn/chinese/index.html
上海浦东发展银行 http://www.spdb.com.cn/chpage/c1/
广州发展银行 http://www.gdb.com.cn:8000/gfnotice.html
浙商银行 http://www.cebbank.com/Channel/418265
渤海银行 http://www.cbhb.com.cn/bhbank/S101/attach/english.pdf

附录 4.3 部分商业银行手机银行业务手续费列表

本行异地转账	本行异地转账	本行异地转账
建设银行	免费	异地转账（汇款）、跨行转账、向企业转账享受柜面收费的 3 折优惠，最低 1.00 元，最高 15.00 元
招商银行	免费	异地同城、跨行同城、跨行异地转账汇款业务，手续费全免（2011 年 8 月 1 日至 2011 年 12 月 31 日）
中国银行	免费	中行内转账汇款（省内）免费；中行内转账汇款（跨省），按交易金额的之 0.6% 收取，最低一笔 1.00 元，最高 12.00 元
农业银行	免费	本行异地转账：交易金额的 0.4%，最低 1.00 元 / 笔，最高 20.00 元 / 笔；跨行转账：交易金额的 0.5%，最低 1.00 元 / 笔，最高 35.00 元 / 笔
工商银行	免费	按照柜面星级客户优惠费率的 9 折收取
光大银行	免费	本行或本人账户转账，同城免费，异地按交易金额 0.5% 收取（最低 2.00 元，最高 20.00 元）。同城异地跨行汇款按交易金额 0.5% 收取（最低 5.00 元，最高 50.00 元）
交通银行	免费	对所有手机银行用户免收服务费，汇款手续费率给予五折优惠，每笔业务最低 1.00 元，最高 15.00 元。（2011 年 1 月 1 日至 2011 年 12 月 31 日）
兴业银行	免费	同城转账不收费；异地转账不收费；实时同城 / 异地跨行转账，按标准 5 折收费，1 万元（含）以下每笔收费 5.50 元，1 万元 -5 万元（含）收 10.5 元；定向 / 任意跨行异地转账，也按标准 5 折收费，手续费统一收 0.50 元，电子汇划费以金额高低而定。对于黑金客户、白金客户，均提供免费的转账服务
中信银行	免费	同城跨行转账：1.00 元 / 笔；异地行内转账：0.1%，最低 1.00 元 / 笔，最高 10.00 元；异地跨行转账：0.15%，最低 1.00 元 / 笔，最高 15.00 元。白金卡和钻石卡免收费，金卡仅对异地跨行转账收费

注释 1. 招商银行本行异地转账业务免费期限为 2011 年 8 月 1 日至 2011 年 12 月 31 日。

注释 2. 交通银行本行异地转账业务优惠期限为 2011 年 1 月 1 日至 2011 年 12 月 31 日。

数据来源：建设银行 http://www.ccb.com/cn/home/index.html

中国银行 http://www.boc.cn/

农业银行 http://www.abchina.com/cn/

交通银行 http://www.bankcomm.com/BankCommSite/cn/index.html

招商银行 http://www.cmbchina.com/

光大银行 http://www.cebbank.com/Site/ceb/cn

兴业银行 http://www.cib.com.cn/netbank/cn/index.html

上海浦东发展银行 http://www.spdb.com.cn/chpage/c1/

附录 4.4 工商银行电子银行个人业务服务费收费标准

收费项目		收费标准	备注
1. 网上银行年服务费		每年每个客户 12.00 元	暂不收费
2. 手机银行（WAP）年服务费		每年每个客户 60.00 元	暂不收费
3. 集中式银期转帐		同城不收费； 异地每笔 4.50 元或每月 40.50 元	——
4. 资金自动归集功能		1 个月 2.00 元；3 个月 6.00 元；6 个月 10.00 元；12 个月 20.00 元	——
5. 工银信使服务费	基金净值提醒	每月 2.00 元	——
	股票收盘价、到价提醒	每月 2.00 元	——
	理财产品净值提醒	每月 2.00 元	——
	证券、汇市信息	每月 2.00 元	——
	定期存款、卡透支、卡到期提醒	每月 2.00 元	——
	密码连续错误、本外币利率变动提醒	每月 2.00 元	——
	国债价格提醒	每月 2.00 元	暂时免收
	余额变动提醒	每账户每月 2.00 元	——
	登录短信提醒	每月 1.00 元	暂时免收
	业务处理提醒	每月 1.00 元	——
	综合对账单服务	EMAIL 每月 3.00 元，邮寄每月 5.00 元	EMAIL 暂时免费
	组合对账单服务	EMAIL 每月 3.00 元，邮寄每月 5.00 元	EMAIL 暂时免费
	汇款通知服务	每条短信 0.20 元	——
	外汇委托交易成交短信提醒	每条短信 0.20 元	——
	理财计划短信提醒	每条短信 0.20 元	——
	人民币账户黄金短信提醒服务	每条短信 0.20 元	——
	黄金递延业务成交通知短信提醒	每条短信 0.20 元	——
	黄金递延业务保证金预警和强平短信提醒	每条短信 0.20 元	——

续表

收费项目		收费标准	备注
	贵金属到价提醒	每次 0.20 元	——
	外汇到价提醒	每次 0.20 元	——
	人民币 E 卡余额变动提醒	每月 2.00 元	——
	国际 E 卡余额变动提醒	每月 2.00 元	——
6. 网上个人理财服务费	协定金额转账	每项服务 16.00 元	暂时免收
	预约周期转账	每项服务 16.00 元	
	T+0 理财	每项服务 16.00 元	
7. 电话银行年服务费		每年每个客户 12.00 元	按当地工商银行公告标准执行
8. 手机银行（短信）信息服务费	套餐一	25.00 元，100 条	套餐有效期为两年；客户向我行发送短信办理手机银行业务，须向手机通讯运营商缴纳短信通讯费，套餐费用中不包括短信通讯费；客户发起一笔短信业务，如转账、汇款等，无论我行回复多少条短信，均按一条信息计入套餐；手机银行（短信）激活、注销、捐款、查询捐款、套餐购买、套餐信息查询、查询帮助交易免费，所发信息不计入套餐。

数据来源：工商银行 http://www.icbc.com.cn/icbc/

附录 4.5　工商银行电子银行个人业务交易费标准

业务种类		收费标准
1. 电子速汇	工行汇款	工行同城转账不收费 工行异地汇款：按照柜面星级客户优惠费率的 9 折收取
	跨行汇款	按照柜面星级客户优惠费率的 9 折收取
2. 跨境汇出汇款		手续费：按汇出金额的 0.08% 收取，最低 16.00 元 / 笔，最高 160.00 元 / 笔；电讯费：100.00 元 / 笔。对于以外币现钞账户办理外汇汇款的，我行还将按当日外汇牌价收取钞汇转换差价
3. 向境外 VISA 卡汇款		按照汇款金额的 0.6% 收取，每笔最低 60.00 元人民币［含个人网银渠道和手机银行（WAP）渠道］
4. 工行系统内跨境汇款		手续费：个人网上银行按照柜面收费标准的 9 折收取，贵宾网银会员按照柜面收费标准 8 折收取，贵宾网银银牌会员按照柜面收费标准 7 折收取，贵宾网银金牌会员按照柜面收费标准 6 折收取 手机银行（WAP）按照柜面收费标准的 9 折收取
5. 代缴学费		工行系统内同城业务不收费，工行系统内异地和跨行业务每笔 5.50 元

注释 1. 遇新增或调整收费标准时，中国工商银行将于执行前 10 个工作日通过本栏目予以公告。

注释 2. 以上收费标准最终解释执行权归中国工商银行所有。

数据来源：工商银行 http://www.icbc.com.cn/icbc/

附录 4.6　农业银行网上银行资费标准

服务渠道	服务对象	收费项目名称	服务内容	基准价格	备注
网上银行	对私	个人网银注册客户年服务费	个人网银注册客户管理	1.00 元 / 月或 12.00 元 / 年	——
	对私	个人网银本行异地转账交易手续费	个人网银本行异地转账服务	交易金额的 0.4%，最低 1.00 元 / 笔，最高 20.00 元 / 笔	——
	对私	个人网银跨行转账交易手续费	个人网银跨行转账服务	交易金额的 0.5%，最低 1.00 元 / 笔，最高 35.00 元 / 笔	1、当地人民银行对跨行同城转账指定收费标准的，可按其标准执行 2、加急业务最高可加收 30% 加急费
	对私	个人网银漫游汇款交易手续费	个人网银漫游汇款服务	交易金额的 0.4%，最低 1.00 元 / 笔，最高 20.00 元 / 笔	——
	对私	个人网银异地资金归集交易手续费	个人网银异地资金归集服务	归集金额的 0.3%，最低 1.00 元 / 笔，最高 20.00 元 / 笔	——
	对私	个人网银异地自动转账签约费	个人网银异地自动转账签约服务	20.00 元 / 户	——
	对私	个人网银异地自动转账交易手续费	个人网银异地自动转账服务	交易金额的 0.4%，最低 1.00 元 / 笔，最高 20.00 元 / 笔	——
	对私	网上记账式国债开户费	网上记账式国债开户服务	7.00 元 / 户	——
	对私	网上代理基金开户费	网上开立基金账户服务	7.00 元 / 户	——
	对私	网上代理业务手续费	网上代理销售基金、保险、债券、理财产品等	按柜面标准或协议定价	——
	对私	网上银期转账手续费	网上银期转账服务	按柜面标准或协议定价	向个人投资者收取
	对私	个人网银收款方短信通知服务费	个人网银收款方短信通知服务	0.20 元 / 条	——

续表

服务渠道	服务对象	收费项目名称	服务内容	基准价格	备注
	对公	企业网银年服务费	企业网银客户管理、证书管理	标准版：每个客户600.00元/年； 中小企业版：每个客户200.00元/年，超过2个操作员，每增加1个操作员加收100.00元/年；超过2个注册账户，每增加1个账户加收20.00元/年； 普及版：每个客户100.00元/年，超过2个操作员，每增加1个操作员加收50.00元/年； 集团理财业务：每个分（子）公司500.00元/年，向总（母）公司收取	——
	对公	企业网银本行异地转账交易手续费	企业网银本行异地转账服务	1万元以下（含）：5.00元再加上0.50元/笔	——
				1万元至10万元（含）：10.00元再加上0.50元/笔	——
				10万元至50万元（含）：15.00元再加上0.50元/笔	——
				50万元至100万元（含）：20.00元再加上0.50元/笔	——
				100万元以上：交易金额的0.002%（最高200.00元）再加上0.50元/笔	——
	对公	企业网银理财业务手续费	企业网银定期存款、通知存款等理财服务	10.00元/笔	——
	对公	网上代收代付业务手续费	网上代发工资、代收水电气等公共事业费、通讯费服务	1.00元/笔	向企业客户收取

续表

服务渠道	服务对象	收费项目名称	服务内容	基准价格	备注
	对公	企业网银跨行转账交易手续费	企业网银跨行转账服务	1万元以下（含）：5.00元再加上0.50元/笔	当地人民银行对跨行同城转账指定收费标准的，可按其标准执行
				1万元至10万元（含）：10.00元再加上0.50元/笔	
				10万元至50万元（含）：15.00元再加上0.50元/笔	
				50万元至100万元（含）：20.00元再加上0.50元/笔	
				100万元以上：交易金额的0.002%（最高200.00元）再加上0.50元/笔	
	对公	网上代理业务手续费	网上代理销售基金、保险、债券、理财产品等	按柜面标准或协议定价	——
	对公	网上第三方存管手续费	网上第三方存管服务	按柜面标准或协议定价	向企业客户收取
	对公	网上银期转账手续费	网上银期转账服务	按柜面标准或协议定价	向企业客户收取

注释1. 具体价格执行标准以当地分行公告为准

数据来源：农业银行 http://www.abchina.com/cn/

附录 4.7　华夏银行业务产品及服务收费表

序号	类别	项目名称	服务内容	电子银行收费标准	电子银行优惠方案
1	工本费	USB-KEY 证书工本费	企业客户 USB-KEY 证书制作和发放	80.00 元 / 张	0.00-50.00 元分行可在此区间内，根据市场情况自行确定优惠幅度
			个人客户 USB-KEY 证书制作和发放	80.00 元 / 张	0.00-50.00 元分行可在此区间内，根据市场情况自行确定优惠幅度
2	结算手续费	本行同城转账结算手续费	企业客户本行同城转账服务	1.20 元 / 笔	暂不收费
			个人客户本行同城转账服务	免费	暂不收费
		本行异地转账结算手续费	企业客户本行异地转账服务	交易方式（快速到账）：1 万元以下 (含 1 万), 收取 5.00 元；1-10 万 (含 10 万), 收取 10.00 元；10-50 万元 (含 50 万)，收取 15.00 元；50-100 万 (含 100 万)，收取 20.00 元；100 万元以上按 0.002% 收取，最高 200.00 元	7 折优惠
			个人客户本行异地转账服务	按转账金额的 0.1% 收取，不足 1.00 元按 1.00 元收取，最高收取 10.00 元	5 折优惠，最低 1.00 元；金卡 / 白金卡 / 钻石卡免费
		跨行同城转账结算手续费	企业客户跨行同城转账服务	交易方式（快速到账）：1 万元以下 (含 1 万), 收取 5.00 元；1-10 万 (含 10 万), 收取 10.00 元；10-50 万元 (含 50 万)，收取 15.00 元；50-100 万 (含 100 万)，收取 20.00 元；100 万元以上按 0.002% 收取，最高 200.00 元	7 折优惠
				交易方式（同城票交）：1.20 元 / 笔	1.00 元 / 笔
			个人客户跨行同城转账服务	按款项到达收款行时间	5 折优惠，最低 1.00 元；金卡 / 白金卡 / 钻石卡免费
				快速：按转账金额的 1% 收取，最低 1.00 元，最高收取 50.00 元	
				一个工作日：按转账金额的 1% 收取，最低 1.00 元，最高收取 50.00 元	1 折优惠，最低 1.00 元；金卡 / 白金卡 / 钻石卡免费
				两个工作日：1.20 元 / 笔	5 折优惠；金卡 / 白金卡 / 钻石卡免费

续表

序号	类别	项目名称	服务内容	电子银行收费标准	电子银行优惠方案
		跨行异地转账结算手续费	企业客户跨行异地转账服务	交易方式（快速到账）：1万元以下(含1万),收取5.00元；1-10万(含10万),收取10.00元；10-50万元(含50万)，收取15.00元；50-100万(含100万)，收取20.00元；100万元以上按0.002%收取，最高200.00元	7折优惠
			个人客户跨行异地转账服务	按款项到达收款行时间	5折优惠，最低1.00元；金卡/白金卡/钻石卡免费
				快速：按转账金额的1%收取，最低1.00元，最高收取50.00元	
				一个工作日：按转账金额的1%收取，最低1.00元，最高收取50.00元	1折优惠，最低1.00元；金卡/白金卡/钻石卡免费
		B2B转账交易结算手续费	本行同城转账服务	1.20元/笔	免费
			本行异地转账服务	1万元以下(含1万),收取5.00元；1-10万(含10万),收取10.00元；10-50万元(含50万),收取15.00元；50-100万(含100万)，收取20.00元；100万元以上按0.002%收取，最高200.00元	7折优惠
			跨行同城转账服务	1万元以下(含1万),收取5.00元；1-10万(含10万),收取10.00元；10-50万元(含50万),收取15.00元；50-100万(含100万)，收取20.00元；100万元以上按0.002%收取，最高200.00元	7折优惠
				同城票交：1.20元/笔	1.00元/笔
			跨行异地转账服务	1万元以下(含1万),收取5.00元；1-10万(含10万),收取10.00元；10-50万元(含50万),收取15.00元；50-100万(含100万)，收取20.00元；100万元以上按万分之0.2收取，最高200.00元	7折优惠

续表

序号	类别	项目名称	服务内容	电子银行收费标准	电子银行优惠方案
3	服务费	证书使用费	企业客户数字证书	200.00 元 / 张 / 年	0 至 200.00 元 / 张 / 年，分行可在此区间内，根据市场情况自行确定优惠幅度
			个人客户数字证书	8.00 元 / 张 / 年	暂不收费
		服务费	网上银行企业客户	200.00 元 / 户 / 年	0 至 200.00 元 / 户 / 年，分行可在此区间内，根据市场情况自行确定优惠幅度
			企业客户来帐信息显示	1200.00 元 / 户 / 年	0 至 1200.00 元 / 户 / 年，分行可在此区间内，根据市场情况自行确定优惠幅度
			网上银行个人签约客户	12.00 元 / 户 / 年	暂不收费
			集算快线	1.2 万元 / 户 / 年	0 至 1.2 万元 / 户 / 年，分行可在此区间内，根据市场情况自行确定优惠幅度
			直联快线	1.2 万元 / 户 / 年	0.00-1.2 万元 / 户 / 年，分行可在此区间内，根据市场情况自行确定优惠幅度
			B2B 特约商户	1. 按交易笔数收费：1.00 元 -100.00 元 / 笔；2. 按交易金额百分比收费：0.1%-1%；3. 按年费收取：2 万 -50 万。以上收费方式任选一种，由分行与商户在区间内约定	无优惠，原有协议未到期的客户仍按协议制定的费率执行，签订新协议按标准执行费率
			B2C 特约商户	1. 按交易笔数收费：0.10 元 -1.00 元 / 笔；2. 按交易金额百分比收费：0.3%-5%；3. 按年费收取：1 万 -10 万。以上收费方式任选一种，由分行与商户在区间内约定	按交易金额百分比收费优惠为 0.1%-5%， 其它无优惠，原有协议未到期的客户仍按协议制定的费率执行，签订新协议按标准执行费率
			银关通开通	银关通海关审批手续、陪同制卡及上门进行系统设置 200.00 元 / 户	0-200.00 元 / 户，分行可在此区间内，根据市场情况自行确定优惠幅度
			银关通使用	同城：1. 取单当天传递到开户支行 2000.00 元 / 户 / 年；2. 取单次日传递到开户支行 1000.00 元 / 户 / 年 异地：2000.00 元 / 户 / 年	同城： 1. 取单当天传递到开户支行 0-2000.00 元 / 户 / 年，分行可在此区间内，根据市场情况自行确定优惠幅度 2. 取单次日传递到开户支行 0-1000.00 元 / 户 / 年，分行可在此区间内，根据市场情况自行确定优惠幅度。 异地： 0-2000.00 元 / 户 / 年，分行可在此区间内，根据市场情况自行确定优惠幅度

数据来源：华夏银行 http://www.hxb.com.cn/chinese/index.html

附录 4.8　华夏银行电话银行业务产品及服务收费标准

序号	类别	项目名称	服务内容	电子银行收费标准	电子银行优惠方案
1	服务费	短信服务费	企业客户账务短信	60.00 元 / 年	暂不收费
			个人客户账务短信	12.00 元 / 年	暂不收费
			每日基金净值短信	每定制 10 只基金净值，收费 2.00 元 / 月，不足 10 只按 10 只计算	暂不收费
		电话银行服务费	企业客户帐户使用电话服务	60.00 元 / 年	暂不收费
2	结算手续费	跨行同城转账结算手续费	个人客户跨行同城转账服务	按款项到达收款行时间 快速：按转账金额的 1% 收取，最低 1.00 元，最高收取 50.00 元	五折优惠，最低 1.00 元；金卡 / 白金卡 / 钻石卡免费
				一个工作日：按转账金额的 1% 收取，最低 1.00 元，最高收取 50.00 元	一折优惠，最低 1.00 元；金卡 / 白金卡 / 钻石卡免费
		跨行异地转账结算手续费	个人客户跨行异地转账服务	按款项到达收款行时间 快速：按转账金额的 1% 收取，最低 1.00 元，最高收取 50.00 元	五折优惠，最低 1.00 元；金卡 / 白金卡 / 钻石卡免费
				一个工作日：按转账金额的 1% 收取，最低 1.00 元，最高收取 50.00 元。	一折优惠，最低 1.00 元；金卡 / 白金卡 / 钻石卡免费
3	电话刷卡转账业务转账手续费	本行同城转账结算手续费	个人客户本行同城转账服务	免费	免费
		本行异地转账结算手续费	个人客户本行异地转账服务	按转账金额的 1‰ 收取，不足 1.00 元按 1.00 元收取，最高收取 10.00 元	五折优惠，最低 1.00 元；金卡 / 白金卡 / 钻石卡免费
		跨行同城转账结算手续费	个人客户跨行同城转账服务	按转账金额的 1% 收取，最低 1.00 元，最高收取 50.00 元	五折优惠，最低 1.00 元；金卡 / 白金卡 / 钻石卡免费
		跨行异地转账结算手续费	个人客户跨行异地转账服务	按转账金额的 1% 收取，最低 1.00 元，最高收取 50.00 元	五折优惠，最低 1.00 元；金卡 / 白金卡 / 钻石卡免费

数据来源：华夏银行 http://www.hxb.com.cn/chinese/index.html

附录 4.9 兴业银行网上银行转账汇款收费标准

<table>
<tr><th colspan="3">业务名称</th><th>黑金客户</th><th>白金客户</th><th>黄金客户</th><th>普通客户收费标准</th></tr>
<tr><td>行内转账</td><td colspan="2">同城、异地</td><td colspan="4">暂不收费</td></tr>
<tr><td rowspan="2">跨行汇款</td><td colspan="2">同城</td><td colspan="4">暂不收费</td></tr>
<tr><td colspan="2">异地</td><td>免费</td><td>免费</td><td>按标准 5 折收费</td><td>手续费统一按 0.50 元收取，电子汇划费 1 万元（含）以下收费 5.00 元；1 万元—10 万元（含）收费 10.00 元；10 万元—50 万元（含）收费 15.00 元；50 万元—100 万元（含）收费 20.00 元；100 万元以上按照 0.002% 收费，最高不超过 200.00 元</td></tr>
<tr><td rowspan="2">实时跨行转账</td><td rowspan="2">网上银行</td><td>同城</td><td>免费</td><td>免费</td><td>按标准 5 折收费</td><td>1 万元（含）以下，每笔收费 5.50 元；1 万元—5 万元（含），每笔收费 10.50 元</td></tr>
<tr><td>异地</td><td>免费</td><td>免费</td><td>按标准 5 折收费</td><td>1 万元（含）以下，每笔收费 5.50 元；1 万元—5 万元（含），每笔收费 10.50 元</td></tr>
</table>

注释 1. 汇入行当地有兴业银行营业网点的，用兴业 E 卡通过网上银行、手机银行（定向转账 / 任意转账）和电话银行进行普通跨行汇款不收手续费，使用兴业 E 卡进行实时跨行转账或其他业务的收费标准与“自然人生”家庭理财卡（含兴业借记卡、联名卡）相同。

数据来源：兴业银行 http://www.cib.com.cn/netbank/cn/index.html

附录 4.10 兴业银行手机银行转账汇款收费标准

<table>
<tr><th>业务名称</th><th>业务属性</th><th>黑金客户</th><th>白金客户</th><th>黄金客户</th><th>普通客户收费标准</th></tr>
<tr><td>手机号转账</td><td rowspan="2">行内同城、异地</td><td colspan="4" rowspan="4">暂不收费</td></tr>
<tr><td>同名信用卡还款</td></tr>
<tr><td rowspan="3">定向 / 任意转账</td><td>行内同城、异地</td></tr>
<tr><td>跨行同城</td></tr>
<tr><td>跨行异地</td><td>免费</td><td>免费</td><td>按标准 5 折收费</td><td>手续费统一按 0.50 元收取，电子汇划费 1 万元（含）以下收费 5.00 元；1 万元—10 万元（含）收费 10.00 元；10 万元—50 万元（含）收费 15.00 元；50 万元—100 万元（含）收费 20.00 元；100 万元以上按照 0.020% 收费，最高不超过 200.00 元</td></tr>
<tr><td>实时跨行转账</td><td>同城 / 异地</td><td>免费</td><td>免费</td><td>按标准 5 折收费</td><td>1 万元（含）以下，每笔收费 5.50 元；1 万元—5 万元（含），每笔收费 10.50 元</td></tr>
</table>

注释 1. 手机银行定向转账和任意转账，汇入行当地有兴业银行营业网点的，用兴业 e 卡通过手机银行进行跨行汇款不收手续费，兴业 e 卡其他业务的收费标准与“自然人生”家庭理财卡（含兴业借记卡、联名卡）相同。

数据来源：兴业银行 http://www.cib.com.cn/netbank/cn/index.html

附录 4.11 兴业银行电话银行转账汇款收费标准

业务名称	业务属性	黑金客户	白金客户	黄金客户	普通客户收费标准
定向转账	行内同城 行内异地	暂不收费			
	跨行同城				
	跨行异地	免费	免费	按标准5折收费	手续费统一按0.50元收取，电子汇划费1万元（含）以下收费5.00元；1万元—10万元（含）收费10.00元；10万元—50万元（含）收费15.00元；50万元—100万元（含）收费20.00元；100万元以上按照0.002%收费，最高不超过200.00元
实时跨行转账	同城/异地	免费	免费	按标准5折收费	1万元（含）以下，每笔收费5.50元；1万元—5万元（含），每笔收费10.50元

数据来源：兴业银行 http://www.cib.com.cn/netbank/cn/index.html

附录 4.12 建设银行手机银行交易限额表（单位：元）

序号	客户类型	高级版签约客户		普通版签约客户或非签约客户	
	交易类型	单笔限额	日累计限额	单笔限额	日累计限额
1	转账	当地分行公布为准	当地分行公布为准	免费	免费
2	缴费	5万	10万	当地分行公布为准	当地分行公布为准
3	网上支付	5万	10万	当地分行公布为准	当地分行公布为准
4	证券基金	400万	400万	免费	免费
5	外汇买卖	1000万	1000万	免费	免费

注释 1. 建设银行股份有限公司二〇一一年一月十二日发布

数据来源：建设银行 http://www.ccb.com/cn/home/index.html

附录 4.13 民生银行个人网上银行资费标准

交易类型				收费标准
个人网上银行	交易费	同城本行汇款		免费
		异地本行汇款		普通卡：交易金额 0.1%，最低 1.00 元，最高 10.00 元 贵宾卡：免费
		同城他行汇款	大小额实时支付	普通卡：2.00 元 / 笔 贵宾卡：免费
			同城票交	免费
			网银互联	暂免费
			同城支付	区域性定价
		异地他行汇款	大小额实时支付、异地汇划	普通卡：按人民银行电子汇划标准八折执行 贵宾卡：手续费免费；电子汇划费银卡、金卡每日累计汇款金额分别 50 万元（含）、100 万元（含）以下免费，超过部分按人民银行电子汇划标准执行，钻石卡免费
			网银互联	暂免费
		主动收款	同城本行	免费
			异地本行	普通卡：交易金额 0.1%，最低 1.00 元，最高 10.00 元，在转入账户中扣收 贵宾卡：免费
		伙伴账户间汇款		使用商户版网银在伙伴账户间汇款本行免费，跨行五折优惠
		网银跨行资金归集		暂免费
		向救灾专用账户捐款		向我行公布的救灾专用账户汇款免费
	服务费	账户信息即时通		普通卡：2.00 元 / 月 / 户 贵宾卡：免费
		伙伴账户变更手续费		50.00 元 / 笔
		证书补发费		免费
		密码重置费		免费
	工本费	U-KEY 工本费		50.00 元 / 个

数据来源：民生银行 http://www.cmbc.com.cn/

附录 4.14 民生银行个人电话银行资费标准

<table>
<tr><th colspan="4">交易类型</th><th>收费标准</th></tr>
<tr><td rowspan="7">个人电话银行</td><td rowspan="7">交易费</td><td rowspan="4">电话汇款</td><td>同城本行</td><td>免费</td></tr>
<tr><td>异地本行</td><td>普通卡：服务费 IVR 每笔 1.00 元、人工每笔 2.00 元，汇款手续费按交易金额 0.1% 收取，最低 1.00 元，最高 10.00 元
贵宾卡：免费</td></tr>
<tr><td>同城他行</td><td>普通卡：服务费 IVR 每笔 1.00 元、人工每笔 2.00 元，汇款手续费每笔 2.00 元
贵宾卡：免费</td></tr>
<tr><td>异地他行</td><td>普通卡：服务费 IVR 每笔 1.00 元、人工每笔 2.00 元，汇款手续费按人民银行电子汇划标准执行
贵宾卡：服务费免费；手续费免费，电子汇划费银卡、金卡每日累计汇款金额分别 50 万元（含）、100 万元（含）以下免，超过部分按人民银行电子汇划标准执行，钻石卡免费</td></tr>
<tr><td rowspan="2">同名转账</td><td>同城本行</td><td>免费</td></tr>
<tr><td>异地本行</td><td>普通卡：交易金额 0.1%，最低 1.00 元，最高 10.00 元
贵宾卡：免费</td></tr>
<tr><td colspan="2">向救灾专用账户捐款</td><td>向我行公布的救灾专用账户汇款免费</td></tr>
</table>

注释 1. 关于交易费的收费标准为最高限价，我行将根据客户情况、同业收费情况以及行内业务推广活动对上表中交易费的收费标准进行不同程度的减免。

注释 2. 银企直联交易收费标准与企业网上银行交易收费标准一致。

注释 3. 关于服务费、工本费的收费标准为最高限价，我行将根据业务发展情况和客户综合贡献进行不同程度的减免。

数据来源：民生银行 http://www.cmbc.com.cn/

附录 4.15　渣打银行个人网上银行汇款资费标准

汇出汇款（境内跨行转账）	[优先理财] 客户	[创智理财] 客户	标准费率
人民币 10,000 元以下（含）	人民币 3.00 元 / 笔	人民币 4.25 元 / 笔	人民币 5.50 元 / 笔
人民币 10,000 元 - 人民币 75,000 元（含）	人民币 5.50 元 / 笔	人民币 8.00 元 / 笔	人民币 10.50 元 / 笔
人民币 75,000 元 - 人民币 100,000 元（含）	人民币 5.50 元 / 笔	不适用	不适用
人民币 100,000 元 - 人民币 150,000 元（含）	人民币 8.00 元 / 笔	不适用	不适用

海外电汇	[优先理财] 客户	[创智理财] 客户	标准费率
手续费	总额的 0.05%，每笔最低人民币 100.00 元或等值外币，最高人民币 500.00 元或等值外币（如果收款行为渣打银行，免费；电报费，海外代理行费用另收）	总额的 0.075%，每笔最低人民币 100.00 元或等值外币，最高人民币 500.00 元或等值外币（电报费，海外代理行费用另收）	总额的 0.1%，每笔最低人民币 100.00 元或等值外币，最高人民币 500.00 元或等值外币（电报费，海外代理行费用另收）
电报费	每笔人民币 120.00 元或等值外币（如果收款行为渣打银行，免费）	每笔人民币 120.00 元或等值外币	每笔人民币 120.00 元或等值外币
海外代理行费用	每笔人民币 200.00 元或等值外币	每笔人民币 200.00 元或等值外币	每笔人民币 200.00 元或等值外币
修改	每笔人民币 100.00 元或等值外币	每笔人民币 100.00 元或等值外币	每笔人民币 100.00 元或等值外币

注释 1.2011 年 12 月 31 日，为了您转账、交易的方便，使用我行个人网上银行进行境内转账、信用卡还款、自助缴费，单笔人民币 5 万元以下（含），免除手续费。

注释 2. 户通过本行网上银行办理银行业务，仅需支付本行就该银行业务收取的服务费（如有）。

注释 3. 收费标准更新并在本行网站公布后客户继续使用个人网上银行服务的，视同接受更新后的内容。

数据来源：渣打中国银行 http://www.standardchartered.com.cn/zh/index.html

附录 5.1 商业银行个人理财业务风险管理指引

第一章 总 则

第一条 为加强商业银行个人理财业务的监管，提高商业银行个人理财业务风险管理水平，依据《中华人民共和国银行业监督管理法》、《中华人民共和国商业银行法》等相关法律法规和行政规章，制定本指引。

第二条 商业银行应根据本指引及自身业务发展战略、风险管理方式和所开展的个人理财业务特点，制定更加具体和有针对性的内部风险管理制度和风险管理规程，建立健全个人理财业务风险管理体系，并将个人理财业务风险纳入商业银行整体风险管理体系之中。

第三条 商业银行应当对个人理财业务实行全面、全程风险管理。个人理财业务的风险管理，既应包括商业银行在提供个人理财顾问服务和综合理财服务过程中面临的法律风险、操作风险、声誉风险等主要风险，也应包括理财计划或产品包含的相关交易工具的市场风险、信用风险、操作风险、流动性风险以及商业银行进行有关投资操作和资产管理中面临的其他风险。

第四条 商业银行对各类个人理财业务的风险管理，都应同时满足个人理财顾问服务相关风险管理的基本要求。

第五条 商业银行应当具备与管控个人理财业务风险相适应的技术支持系统和后台保障能力，以及其他必要的资源保证。

第六条 商业银行应当制定并落实内部监督和独立审核措施，合规、有序地开展个人理财业务，切实保护客户的合法权益。

第七条 商业银行应建立个人理财业务的分析、审核与报告制度，并就个人理财业务的主要风险管理方式、风险测算方法与标准，以及其他涉及风险管理的重大问题，积极主动地与监管部门沟通。

第八条 商业银行接受客户委托进行投资操作和资产管理等业务活动，

应与客户签定合同，确保获得客户的充分授权。商业银行应妥善保管相关合同和各类授权文件，并至少每年重新确认一次。

第九条　商业银行应当将银行资产与客户资产分开管理，明确相关部门及其工作人员在管理、调整客户资产方面的授权。对于可以由第三方托管的客户资产，应交由第三方托管。

第十条　商业银行应当保存完备的个人理财业务服务记录，并保证恰当地使用这些记录。

除法律法规另有规定，或经客户书面同意外，商业银行不得向第三方提供客户的相关资料和服务与交易记录。

第二章　个人理财顾问服务的风险管理

第十一条　商业银行的董事会和高级管理层应当充分了解个人理财顾问服务可能对商业银行法律风险、声誉风险等产生的重要影响，密切关注个人理财顾问服务的操作风险、合规性风险等风险管控制度的实际执行情况，确保个人理财顾问服务的各项管理制度和风险控制措施体现了解客户和符合客户最大利益的原则。

第十二条　商业银行高级管理层应充分认识建立银行内部监督审核机制对于降低个人理财顾问服务法律风险、操作风险和声誉风险等的重要性，应至少建立个人理财业务管理部门内部调查和审计部门独立审计两个层面的内部监督机制，并要求内部审计部门提供独立的风险评估报告，定期召集相关人员对个人理财顾问服务的风险状况进行分析评估。

第十三条　商业银行个人理财业务管理部门应当配备必要的人员，对本行从事个人理财顾问服务的业务人员操守与胜任能力、个人理财顾问服务操作的合规性与规范性、个人理财顾问服务品质等进行内部调查和监督。

第十四条　个人理财业务管理部门的内部调查监督，应在审查个人理财顾问服务的相关记录、合同和其他材料等基础上，重点检查是否存在错误销售和不当销售情况。

个人理财业务管理部门的内部调查监督人员，应采用多样化的方式对个人理财顾问服务的质量进行调查。销售每类理财计划时，内部调查监督人员都应亲自或委托适当的人员，以客户的身份进行调查。

第十五条　商业银行的内部审计部门对个人理财顾问服务的业务审计，应制定审计规范，并保证审计活动的独立性。

第十六条　商业银行开展个人理财顾问服务，应根据不同种类个人理财顾问服务的特点，以及客户的经济状况、风险认知能力和承受能力等，对客户进行必要的分层，明确每类个人理财顾问服务适宜的客户群体，防止由于错误销售损害客户利益。

第十七条　商业银行应在客户分层的基础上，结合不同个人理财顾问服务类型的特点，确定向不同客户群提供个人理财顾问服务的通道。

第十八条　商业银行应当充分认识到不同层次的客户、不同类型的个人理财顾问服务和个人理财顾问服务的不同渠道所面临的主要风险，制定相应的具有针对性的业务管理制度、工作规范和工作流程。相关制度、规范和流程应当突出重点风险的管理，清晰明确，具有较高的可操作性。

第十九条　商业银行应当根据有关规定建立健全个人理财业务人员资格考核与认定、继续培训、跟踪评价等管理制度，保证相关业务人员具备必要的专业知识、行业经验和管理能力，充分了解所从事业务的有关法律法规和监管规章，理解所推介产品的风险特性，遵守职业道德。

第二十条　商业银行应当明确个人理财业务人员与一般产品销售和服务人员的工作范围界限，禁止一般产品销售人员向客户提供理财投资咨询顾问意见、销售理财计划。客户在办理一般产品业务时，如需要银行提供相关个人理财顾问服务，一般产品销售和服务人员应将客户移交理财业务人员。

如确有需要，一般产品销售和服务人员可以协助理财业务人员向客户提供个人理财顾问服务，但必须制定明确的业务管理办法和授权管理规则。

第二十一条　商业银行从事财务规划、投资顾问和产品推介等个人理财顾问服务活动的业务人员，以及相关协助人员，应了解所销售的银行产品、代理销售产品的性质、风险收益状况及市场发展情况等。

第二十二条　商业银行向客户提供财务规划、投资顾问、推介投资产品服务，应首先调查了解客户的财务状况、投资经验、投资目的，以及对相关风险的认知和承受能力，评估客户是否适合购买所推介的产品，并将有关评估意见告知客户，双方签字。

第二十三条　对于市场风险较大的投资产品，特别是与衍生交易相关的投资产品，商业银行不应主动向无相关交易经验或经评估不适宜购买该产品的客户推介或销售该产品。

客户主动要求了解或购买有关产品时，商业银行应向客户当面说明有关产品的投资风险和风险管理的基本知识，并以书面形式确认是客户主动要求了解和购买产品。

第二十四条　客户评估报告认为某一客户不适宜购买某一产品或计划，但客户仍然要求购买的，商业银行应制定专门的文件，列明商业银行的意见、客户的意愿和其他的必要说明事项，双方签字认可。

第二十五条　商业银行在向客户说明有关投资风险时，应使用通俗易懂的语言，配以必要的示例，说明最不利的投资情形和投资结果。

第二十六条　个人理财业务人员对客户的评估报告，应报个人理财业务部门负责人或经其授权的业务主管人员审核。

审核人员应着重审查理财投资建议是否存在误导客户的情况，避免部分业务人员为销售特定银行产品或银行代理产品对客户进行了错误销售和不当销售。

第二十七条　对于投资金额较大的客户，评估报告除应经个人理财业务部门负责人审核批准外，还应经其他相关部门或者商业银行主管理财业务的负责人审核。审核的权限，应根据产品特性和商业银行风险管理的实际情况制定。

第二十八条　商业银行应当建立个人理财顾问服务的跟踪评估制度，定期对客户评估报告或投资顾问建议进行重新评估，并向客户说明有关评估情况。

第二十九条　商业银行向客户提供的所有可能影响客户投资决策的材料，商业银行销售的各类投资产品介绍，以及商业银行对客户投资情况的评估和分析等，都应包含相应的风险揭示内容。风险揭示应当充分、清晰、准确，确保客户能够正确理解风险揭示的内容。

商业银行通过理财服务销售的其他产品，也应进行明确的风险揭示。

第三十条　商业银行提供个人理财顾问服务业务时，要向客户进行风险提示。风险提示应设计客户确认栏和签字栏。客户确认栏应载明以下语句，并要求客户抄录后签名：

“本人已经阅读上述风险提示，充分了解并清楚知晓本产品的风险，愿意承担相关风险”。

第三十一条　商业银行应当保证配置足够的资源支持所开展的个人理财顾问服务，并向客户提供有效的服务渠道。

商业银行应制定相关制度接受并及时处理客户投诉。

第三章　综合理财服务的风险管理

第三十二条　商业银行的董事会和高级管理层应当充分了解和认识综合理财服务的高风险性，建立健全综合理财服务的内部管理与监督体系、客户授权检查与管理体系和风险评估与报告体系，并及时对相关体系的运行情况进行检查。

第三十三条　商业银行应定期对内部风险监控和审计程序的独立性、充分性、有效性进行审核和测试，商业银行内部监督部门应向董事会和高级管理层提供独立的综合理财业务风险管理评估报告。

第三十四条 商业银行应综合分析所销售的投资产品可能对客户产生的影响，确定不同投资产品或理财计划的销售起点。

保证收益理财计划的起点金额，人民币应在 5 万元以上，外币应在 5 千美元（或等值外币）以上；其他理财计划和投资产品的销售起点金额应不低于保证收益理财计划的起点金额，并依据潜在客户群的风险认识和承受能力确定。

第三十五条 商业银行应当建立必要的委托投资跟踪审计制度，保证商业银行代理客户的投资活动符合与客户的事先约定。

未经客户书面许可，商业银行不得擅自变更客户资金的投资方向、范围或方式。

第三十六条 商业银行的董事会和高级管理层应根据商业银行的经营战略、风险管理能力和人力资源状况等，慎重研究决定商业银行是否销售以及销售哪些类型的理财计划。

第三十七条 商业银行在销售任何理财计划时，应事前对拟销售的理财计划进行全面的风险评估，制定主要风险的管控措施，并建立分级审核批准制度。

第三十八条 商业银行的董事会或高级管理层应根据本行理财计划的发展策略、资本实力和管理能力，确定本行理财计划所能承受的总体风险程度，并明确每个理财计划所能承受的风险程度。

可承受的风险程度应当是量化指标，可以与商业银行的资本总额相联系，也可以与个人理财业务收入等其他指标相联系。

第三十九条 商业银行的董事会或高级管理层应确保理财计划的风险管理能够按照规定的程序和方法实施，并明确划分相关部门或人员在理财计划风险管理方面的权限与责任，建立内部独立审计监督机制。

第四十条 商业银行的董事会或高级管理层应当根据理财计划及其所包含的投资产品的性质、销售规模和投资的复杂程度，针对理财计划面临的各类风险，制定清晰、全面的风险限额管理制度，建立相应的管理体系。

理财计划涉及的有关交易工具的风险限额，同时应纳入相应的交易工具的总体风险限额管理。

第四十一条　商业银行应采用多重指标管理市场风险限额，市场风险的限额可以采用交易限额、止损限额、错配限额、期权限额和风险价值限额等。但在所采用的风险限额指标中，至少应包括风险价值限额。

第四十二条　商业银行除应制定银行总体可承受的市场风险限额外，还应当按照风险管理权限，制定不同的交易部门和交易人员的风险限额，并确定每一理财计划或产品的风险限额。

第四十三条　商业银行对信用风险限额的管理，应当包括结算前信用风险限额和结算信用风险限额。

结算前信用风险限额可采用传统信贷业务信用额度的计算方式，根据交易对手的信用状况计算；结算信用风险限额应根据理财计划所涉及的交易工具的实际结算方式计算。

第四十四条　商业银行可根据实际业务情况确定流动性风险限额的管理，但流动性风险限额应至少包括期限错配限额，并应根据市场风险和信用风险可能对银行流动性产生的影响，制定相应的限额指标。

第四十五条　商业银行的各相关部门都应当在规定的限额内进行交易，任何突破限额的交易都应当按照有关内部管理规定事先审批。对于未事先审批而突破交易限额的交易，应予以记录并调查处理。

第四十六条　商业银行对相关风险的评估测算，应当按照有关规定采用适宜、有效的方法，并应保证相关风险评估测算的一致性。

第四十七条　商业银行应清楚划分相关业务运作部门的职责，采取充分的隔离措施，避免利益冲突可能给客户造成的损害。

理财计划风险分析部门、研究部门应当与理财计划的销售部门、交易部门分开，保证有关风险评估分析、市场研究等的客观性。

第四十八条　商业银行应当将负责理财计划或产品相关交易工具的交易人员，与负责银行自营交易的交易人员相分离，并定期检查、比较两类交易人员的交易状况。

第四十九条　理财计划的内部监督部门和审计部门应当独立于理财计划的运营部门，适时对理财计划的运营情况进行监督检查和审计，并直接向董事会和高级管理层报告。

第五十条　商业银行应当充分、清晰、准确地向客户提示综合理财服务和理财计划的风险。对于保证收益理财计划和保本浮动收益理财计划，风险提示的内容应至少包括以下语句：

"本理财计划有投资风险，您只能获得合同明确承诺的收益，您应充分认识投资风险，谨慎投资"。

第五十一条　对于非保本浮动收益理财计划，风险提示的内容应至少包括以下语句：

"本理财计划是高风险投资产品，您的本金可能会因市场变动而蒙受重大损失，您应充分认识投资风险，谨慎投资"。

第四章　个人理财业务产品风险管理

第五十二条　商业银行开展个人理财业务涉及代理销售其他金融机构的投资产品时，应对产品提供者的信用状况、经营管理能力、市场投资能力和风险处置能力等进行评估，并明确界定双方的权利与义务，划分相关风险的承担责任和转移方式。

第五十三条　商业银行应要求提供代销产品的金融机构提供详细的产品介绍、相关的市场分析报告和风险收益测算报告。

第五十四条　商业银行提供的理财产品组合中如包括代理销售产品，应对所代理的产品进行充分的分析，对相关产品的风险收益预测数据进行必要的验证。商业银行应根据产品提供者提供的有关材料和对产品的分析情况，按照审慎原则重新编写有关产品介绍材料和宣传材料。

第五十五条　商业银行个人理财业务部门销售商业银行原有产品时，应当要求产品开发部门提供产品介绍材料和宣传材料。

个人理财业务部门认为有必要对以上材料进行重新编写时，应注意所编写的相关材料应与原有产品介绍和宣传材料保持一致。

第五十六条　商业银行根据理财业务发展需要研发的新投资产品的介绍和宣传材料，应当按照内部管理有关规定经相关部门审核批准。

第五十七条　商业银行在编写有关产品介绍和宣传材料时，应进行充分的风险揭示，提供必要的举例说明，并根据有关管理规定将需要报告的材料及时向中国银行业监督管理委员会报告。

第五十八条　商业银行研发新的投资产品，应当制定产品开发审批程序与规范，在进行任何新的投资产品开发之前，都应当就产品开发的背景、可行性、拟销售的潜在目标客户群等进行分析，并报董事会或高级管理层批准。

第五十九条　新产品的开发应当编制产品开发报告，并经各相关部门审核签字。产品开发报告应详细说明新产品的定义、性质与特征，目标客户及销售方式，主要风险及其测算和控制方法，风险限额，风险控制部门对相关风险的管理权力与责任，会计核算与财务管理方法，后续服务，应急计划等。

第六十条　商业银行应当建立新产品风险的跟踪评估制度，在新产品推出后，对新产品的风险状况进行定期评估。

第五章　附　则

第六十一条　本指引中个人理财业务的定义与分类、适用范围等，与《商业银行个人理财业务管理暂行办法》相同。

第六十二条　本指引中数值所称“以上”，包括本数。

第六十三条　本指引由中国银行业监督管理委员会负责解释。

第六十四条　本指引自 2005 年 11 月 1 日施行。

数据来源：http://www.cbrc.gov.cn/chinese/home/docDOC_ReadView/1619.html

附录 5.2 部分商业银行理财产品对比

交通银行理财	进入门槛	50 万人民币的账户总资产
	特色服务	1) 柜面服务绿色通道，贷记卡免年费，个人贷款利率优惠，定期寄送对账单，免费使用机场头等舱候机室，高档场所消费优惠，市内道路救援。“百万富翁俱乐部”理财计划，针对人生不同阶段的志学理财、菁英理财、伉俪理财、通达理财、信慧理财、长寿理财等规划。2) VIP卡“沃德财富”金卡三个月内日均余额达到 50 万元—100 万元享有优先办理各种银行业务的权利；汇款享有 5 折手续费优惠既是储蓄卡也是身份的象征
招商银行金葵花理财	进入门槛	50 万元以上资产
	特色服务	1) 贵宾登机服务，酒店、机票、预订天气交通咨询服务，医疗救援服务，免费临时保管箱服务，应急取款、紧急挂失、免费手机短信或 E-mail 理财秘书通知服务等，“金葵花卡”对账单服务，特约商户优惠消费折扣，金融信息服务，免费获得不定期的贵宾会员专刊
中信贵宾理财	进入门槛	理财总值：银卡客户不低于 10 万 /20 万 /30 万元；金卡客户不低于 40 万 /50 万 /60 万元；白金卡客户 100 万元以上（不同地区不同标准）
	特色服务	1) 依托中信控股的服务， 包括柜台优先服务、优惠服务、六大产品系列服务（融资服务、投资服务、出国金融服务、居家金融服务、保险服务、外汇理财服务）、专属服务场所服务、专业理财客户经理服务、中信控股专家团队服务、预约服务、资讯服务、电子渠道服务、 中信贵宾俱乐部服务等的本地服务，包括分行在贵宾服务窗口对异地贵宾客户提供优先服务、分行为异地贵宾客户提供柜台通存通兑手续费优惠及临时使用保管箱等、应急援助服务（专向提供）等的漫游服务
民生银行财富	进入门槛	存款或消费门槛分别为：钻石卡，100 万元；金卡，50 万元；银卡，10 万元
	服务特色	多种手续费的减免、利率的适当优惠、非金融特约商提供的一些消费优惠政策，贵宾服务通道——机场、医院、高尔夫俱乐部
广发银行真情理财	进入门槛	30 万元
	服务特色	产品套餐服务：珠江三角洲民营企业集合信托计划和家庭（个人）贵宾客户综合授信业务、新版理财通卡、新婚理财套餐，个人（家庭）教育理财套餐、创业理财套餐、投资理财套餐、保险理财套餐、退休理财套餐、遗产信托理财套餐等

续表

光大银行 阳光理财	进入门槛	紫金理财客户：储蓄存款连续 3 个月月末余额为 10 万元至 50 万元（外币等值）；阳光信用卡金卡持卡人；购买凭证式国债、受托理财资产连续 3 个月累计余额为 20 万元至 50 万元
		黄金理财客户：储蓄存款连续 3 个月月末余额为 50 万元至 100 万元；阳光信用卡白金卡持卡人；在购买凭证式国债、受托理财资产连续 3 个月累计余额为 50 万元至 100 万元
		白金理财客户：储蓄存款连续 3 个月月末余额为 100 万元以上；购买凭证式国债、受托理财资产连续 3 个月累计余额为 100 万元以上
	服务特色	优先购买新产品，减免手续费待遇，阳光 VIP 卡紧急援助服务，亲情服务，高尔夫服务，申请个人授信贷款时获得加分
深发展银行 天玑财富	进入门槛	20 万元人民币
	服务特色	1) 睿智、诚信，也是天玑财富的理财哲学；专业、效率、创新，则是天玑财富的服务准则。为了保证服务质量，该行规定未来每位理财经理接待的客户不超过 300 名，而且将根据客户资产的不同配备不同级别的客户经理。2) 人性化设计、关注客户享受服务过程的舒适感，星级酒店式的环境，在缩短客户等候时间和客服人员的素质提高等方面均实现了突破。除了提供理财产品进行个人理财之外，“天玑财富”还为贵宾客户举行一系列专属的 VIP 俱乐部活动，持续在健康医疗、投资理财、商旅、子女教育四大方向不定期地举办贵宾专属活动，并邀请不同领域的专家进行分享与交流。3) VIP 金卡日均存款余额达到 20 万元 VIP 金卡用户享有在该银行办理业务时免排队，享有医疗、保险等增值服务，另外有同城跨行取款等优惠服务既是储蓄卡也是身份的象征
兴业银行 自然人生	进入门槛	自然人生理财卡平均账户余额：黄金卡客户 10 万，白金卡客户 30 万，黑金卡客户 100 万。均包括存款、代销基金、国债、理财产品
	服务特色	首创“家庭理财”的概念。提供全方位理财服务的多功能、综合性平台，还拥有众多特色功能，多层次的增值服务，保证高层级客户享受到专属客户经理理财、机场贵宾厅、时尚高尔夫，附赠高额商旅保险
汇丰银行卓越理财	进入门槛	月均存款总额达到 5 万美元
	服务特色	一对一的客户经理服务，全面的存款、楼宇按揭贷款以及投资产品服务，商户优惠服务，环球支援网络提供的个人化服务和理财方案，获取度身定做的专业意见， 预定体育盛事、音乐会、舞台剧、高尔夫球场的便利，预定机位、住宿、汽车等旅游咨询服务

续表

花旗银行优先理财	进入门槛	50 万元人民币（每月日平均存款额不得低于 5 万美元，否则将收取 100.00 元人民币或 12.00 美元的服务费）
	服务特色	1) 不设书面建议书，所有的建议都通过口头传送，汇款取款费用减半、休闲娱乐生活服务，保管箱业务服务
渣打银行优先理财	进入门槛	75 万元人民币（优先理财：月均存款余额 10 万美元；创智理财：月均存款余额 1 万美元，否则将收取一定的账户管理费）
	服务特色	1) 优先理财是一款为客户度身定做的创新型个性化综合理财产品，为体恤客户而不断在管理和服务上创新。根据客户的需求和财务状况，来定制人生理财规划
东亚银行显卓理财	进入门槛	50 万美元（如果客户的账户日均余额低于 50 万元，则要按每年 200.00 元收取管理费）
	服务特色	1) 显卓理财是东亚银行为客户而设的尊贵理财服务，提供简易、快捷、贴身的一站式理财方案。只需一个户口，您即可同时处理综合货币储蓄、定期及往来多种账户，灵活方便。贵为显卓理财客户，自当享有卓越非凡的理财优势 2) 综合货币储蓄（结单）账户、多种货币定期存款账户、人民币、港币、美元往来账户、多种外币买卖服务、清晰综合结单、一站式个人化优越服务、特派客户服务经理、显卓理财中心、专享优惠 / 折扣

附录 5.3　理财产品到期收益率前 300 名（2011 年 12 月 20 日）

产品名称	银行	停售日	到期日	币种	管理期（月）	产品类型	预期收益(%)	到期收益率(%)
QDII 之境外宝股 ..[停售]	农业银行	2007-05-29	2007-10-27	美元	24.00	QDII	25.00	40.90
如汇通系列 1 之 ..[停售]	东亚银行	2008-01-25	2011-01-26	美元	36.00	结构型	——	32.00
新股申购 2007 年 ..[停售]	工商银行	2007-09-06	2007-10-07	人民币	3.00	——	——	30.35
阳光资产管理计 ..[停售]	光大银行	2007-10-10	2008-10-11	人民币	12.00	——	30.00	30.00
“心喜”之美元 ..[停售]	北京银行	2007-10-10	--	美元	36.00	QDII	20.00	28.19
新股申购 2007 年 ..[停售]	工商银行	2007-08-08	2007-11-09	人民币	3.00	——	——	26.45
中信理财新年计 ..[停售]	中信银行	2007-01-19	2007-12-24	人民币	12.00	——	10.00	23.48
“中信理财之新 ..[停售]	中信银行	2007-01-19	2007-12-24	人民币	11.00	——	10.00	23.48
精选高折价 H 股 ..[停售]	招商银行	2007-05-21	2008-05-23	美元	12.00	——	21.00	21.00
新股申购 2007 年 ..[停售]	工商银行	2007-07-22	2007-10-22	人民币	3.00	打新股	——	19.00
“涨跌双赢型”..[停售]	花旗银行	2007-04-26	2008-10-28	美元	18.00	——	——	18.01
新股申购 2007 年 ..[停售]	工商银行	2007-06-07	2007-12-08	人民币	6.00	打新股	10.00	17.91
金葵花新股申购 ..[停售]	招商银行	2007-03-19	2008-03-21	人民币	12.00	——	12.00	17.86
新股申购 2007 年 ..[停售]	工商银行	2007-10-15	2008-01-24	人民币	3.00	——	10.00	17.71
新股申购 2007 年 ..[停售]	工商银行	2007-05-24	2007-11-25	人民币	6.00	打新股	10.00	17.32

续表

产品名称	银行	停售日	到期日	币种	管理期（月）	产品类型	预期收益(%)	到期收益率(%)
“辉黄 3 号 – 金 ..[停售]	交通银行	2007-05-09	2008-05-09	美元	12.00	——	33.50	17.23
点金公司理财平 ..[停售]	招商银行	2007-05-28	2007-12-28	人民币	5.00	信贷类	22.18	17.22
新股申购 2007 年 ..[停售]	工商银行	2007-07-22	2008-01-24	人民币	6.00	打新股	——	17.20
阳光资产管理计 ..[停售]	光大银行	2007-10-10	2009-10-12	人民币	24.00	其他	30.00	17.20
金葵花新股集合 ..[停售]	招商银行	2007-12-13	2007-12-25	——	——	打新股	——	16.03
金葵花新股申购 ..[停售]	招商银行	2007-04-23	2008-04-25	人民币	12.00	——	12.00	15.99
金葵花新股申购 ..[停售]	招商银行	2007-06-11	2007-12-25	人民币	7.00	——	4.80	15.99
“创盈 4 号”人 ..[停售]	华夏银行	2007-07-02	2007-12-31	人民币	12.00	——	15.00	15.93
“浙商理财——新 ..[停售]	浙商银行	2007-05-27	2008-05-28	人民币	12.00	——	12.00	15.86
新股申购 2007 年 ..[停售]	工商银行	2007-08-21	2008-02-22	人民币	6.00	打新股	10.00	15.84
“辉黄 3 号 – 金 ..[停售]	交通银行	2007-05-09	2008-05-09	美元	12.00	——	19.00	15.72
新股申购 2007 年 ..[停售]	工商银行	2007-08-08	2008-02-09	人民币	6.00	——	——	15.21
“得利宝”之浓 ..[停售]	交通银行	2007-04-18	2008-04-18	美元	36.00	——	15.00	15.00
汇聚宝 0706A 折 ..[停售]	中国银行	2007-06-11	2007-12-17	美元	15.00	其他	15.00	15.00
中银进取 09005A..[停售]	中国银行	2009-08-31	2010-09-01	人民币	12.00	结构型	20.00	14.66

续表

产品名称	银行	停售日	到期日	币种	管理期（月）	产品类型	预期收益（%）	到期收益率（%）
中银进取09005B..[停售]	中国银行	2009-08-31	2010-09-01	美元	12.00	结构型	20.00	14.66
阳光资产管理计..[停售]	光大银行	2007-05-13	2008-05-14	人民币	12.00	——	12.00	14.29
汇聚宝0703A美..[停售]	中国银行	2007-03-26	2008-09-25	美元	18.00	其他	25.00	14.20
"本利丰"新股..[停售]	农业银行	2007-04-08	2008-03-06	人民币	11.00	打新股	12.00	14.07
"得利宝"之浓..[停售]	交通银行	2007-04-18	2008-04-18	美元	24.00	——	14.00	14.00
股得利系列0922..[停售]	星展银行	2009-09-27	2010-09-28	澳元	12.00	结构型	14.00	14.00
新股申购2007年..[停售]	工商银行	2007-10-18	2008-03-18	人民币	6.00	——	15.00	13.84
第21期人民币理..[停售]	工商银行	2007-10-26	2008-03-26	人民币	6.00	——	15.00	13.84
新股申购2007年..[停售]	工商银行	2007-12-12	2008-06-19	人民币	6.00	打新股	——	13.76
"慧盈1号"股..[停售]	华夏银行	2007-07-02	2008-07-07	美元	12.00	——	13.50	13.50
"挂钩外汇汇率..[停售]	花旗银行	2007-05-21	2008-05-22	美元	——	——	——	13.13
股票挂钩部分保..[停售]	恒生银行	2009-09-30	2010-10-08	美元	12.00	结构型	13.00	13.00
步步稳股票挂钩..[停售]	恒生银行	2010-12-29	2010-12-30	美元	12.00	结构型	5.00	13.00
稳得利新股申购2..[停售]	工商银行	2006-12-24	2007-12-25	人民币	12.00	打新股	10.00	12.64
2007年第7期心..[停售]	北京银行	2007-03-20	2007-12-21	人民币	9.00	——	10.00	12.56

续表

产品名称	银行	停售日	到期日	币种	管理期（月）	产品类型	预期收益（%）	到期收益率（%）
“慧盈 2 号”外 ..[停售]	华夏银行	2007-08-05	2008-08-08	美元	12.00	——	12.50	12.50
“同升九号”股 ..[停售]	光大银行	2007-06-01	2009-06-29	美元	24.00	结构型	45.00	12.14
溢利宝投资产品 ..[停售]	东亚银行	2009-04-10	2010-04-11	人民币	12.00	结构型	——	12.04
精选高折价 H 股 ..[停售]	招商银行	2007-05-21	2008-05-23	人民币	12.00	——	12.00	12.00
聚汇宝超越计划 ..[停售]	深发展	2007-05-24	2007-08-27	美元	12.00	——	12.00	12.00
“得利宝”之浓 ..[停售]	交通银行	2007-04-18	2008-04-18	美元	12.00	——	12.00	12.00
阳光理财 A+ 计划 2..[停售]	光大银行	2011-10-31	2012-11-01	人民币	12.00	混合型	12.00	12.00
2007 年第 4 期心 ..[停售]	北京银行	2007-02-25	2008-02-15	人民币	12.00	——	13.00	11.67
稳得利新股申购 2..[停售]	工商银行	2007-01-18	2008-01-19	人民币	12.00	打新股	10.00	11.59
牛熊双盈 5 亚洲 ..[停售]	东亚银行	2010-04-28	2012-04-29	人民币	24.00	结构型	——	11.55
新股申购 2007 年 ..[停售]	工商银行	2007-07-11	2008-07-12	人民币	12.00	打新股	10.00	11.55
“同升二号”美 ..[停售]	光大银行	2007-02-14	2008-08-15	美元	18.00	——	25.00	11.45
新股申购 2007 年 ..[停售]	工商银行	2007-09-25	2008-09-26	人民币	12.00	——	15.00	11.43
2007 年第 3 期心 ..[停售]	北京银行	2007-01-30	2007-11-30	人民币	10.00	——	8.00	11.34
2007 年第八期特 ..[停售]	兴业银行	2007-06-25	2008-06-26	人民币	12.00	——	16.00	11.30

续表

产品名称	银行	停售日	到期日	币种	管理期（月）	产品类型	预期收益（%）	到期收益率（%）
稳得利新股申购 0..[停售]	工商银行	2007-02-05	2008-02-06	人民币	12.00	打新股	10.00	11.24
慧财人民币信托 ..[停售]	上海银行	2007-04-19	2008-04-19	人民币	12.00	——	10.00	11.15
“浙商理财——新 ..[停售]	浙商银行	2007-08-05	2008-08-06	人民币	12.00	——	16.00	11.14
牛熊增盈 2[停售]	东亚银行	2010-06-23	2012-07-05	人民币	24.00	结构型	31.88	11.13
“得利宝”人民 ..[停售]	交通银行	2007-06-05	2008-06-09	美元	12.00	——	23.00	11.08
阳光资产管理计 ..[停售]	光大银行	2007-08-30	2008-08-31	人民币	12.00	——	20.00	11.05
新股申购 2007 年 ..[停售]	工商银行	2007-04-11	2008-04-12	人民币	12.00	打新股	——	11.02
牛熊增盈 1[停售]	东亚银行	2010-05-31	2012-06-07	人民币	24.00	类基金	10.50	11.00
汇率触发看涨澳 ..[停售]	汇丰银行	2010-11-26	2011-05-27	澳元	6.00	结构型	10.25	11.00
新股申购 2007 年 ..[停售]	工商银行	2007-07-22	2008-07-23	人民币	12.00	打新股	——	10.98
2008 年第 3 期珠 ..[停售]	工商银行	2008-01-28	2008-04-29	人民币	12.00	——	20.00	10.96
“得利宝”欢橙 ..[停售]	交通银行	2007-01-29	2007-07-30	美元	18.00	——	14.40	10.83
新股申购 2007 年 ..[停售]	工商银行	2007-04-18	2008-04-19	人民币	12.00	打新股	10.00	10.73
利得盈人民币理 ..[停售]	建设银行	2007-07-19	2008-07-19	人民币	12.00	——	7.00	10.70
新股申购 2007 年 ..[停售]	工商银行	2007-12-03	——	人民币	——	打新股	——	10.54

续表

产品名称	银行	停售日	到期日	币种	管理期（月）	产品类型	预期收益（%）	到期收益率（%）
新股申购 2007 年 ..[停售]	工商银行	2007-03-05	2008-03-06	人民币	12.00	打新股	10.00	10.45
慧财人民币 0730..[停售]	上海银行	2007-06-19	2008-06-19	人民币	12.00	——	10.00	10.28
恒生银行“月月 ..[停售]	恒生银行	2010-07-22	2011-01-26	人民币	6.00	结构型	——	10.18
恒生银行“月月 ..[停售]	恒生银行	2010-07-22	2011-01-26	美元	6.00	结构型	——	10.18
汇聚宝 0802F 美 ..[停售]	中国银行	2008-02-26	2009-03-01	美元	12.00	结构型	10.00	10.00
汇聚宝 0802E 美 ..[停售]	中国银行	2008-02-26	2008-05-30	美元	12.00	结构型	10.00	10.00
理财金账户 0801..[停售]	工商银行	2008-02-13	2009-02-14	人民币	12.00	信贷类	10.00	10.00
股得利 0905 期黄 ..[停售]	星展银行	2009-05-04	2010-11-04	人民币	18.00	结构型	10.00	10.00
股得利系列 0922..[停售]	星展银行	2009-09-27	2010-09-28	人民币	12.00	结构型	10.00	10.00
中煤能源新股申 ..[停售]	招商银行	2008-01-24	2008-02-01	人民币	3.00	打新股	15.00	9.80
股票挂钩部分保 ..[停售]	恒生银行	2010-11-23	2011-05-24	美元	6.00	结构型	36.00	9.68
“涨跌双赢型”..[停售]	花旗银行	2007-01-26	2008-07-28	美元	18.00	——	25.00	9.57
“人民币创盈 1..[停售]	华夏银行	2007-03-05	2008-03-16	人民币	12.00	打新股	10.00	9.56
非凡理财人民币 T..[停售]	民生银行	2008-10-20	2009-10-21	人民币	——	信贷类	9.50	9.50
慧财申购新股人 ..[停售]	上海银行	2007-09-11	2008-09-12	人民币	12.00	——	——	9.38

续表

产品名称	银行	停售日	到期日	币种	管理期（月）	产品类型	预期收益（%）	到期收益率（%）
"浙商理财——新..[停售]	浙商银行	2007-09-05	2008-09-05	人民币	12.00	——	20.00	9.36
阳光资产管理计..[停售]	光大银行	2007-09-24	2008-09-27	人民币	12.00	——	18.00	9.17
2007年第17期心..[停售]	北京银行	2007-05-15	2008-05-16	人民币	12.00	——	——	9.10
聚富1号稳健级..[停售]	南京银行	2008-05-26	2010-08-29	人民币	27.00	信贷类	9.00	9.00
"华夏理财－人..[停售]	华夏银行	2008-05-05	2009-05-07	人民币	12.00	信贷类	9.00	9.00
汇聚宝0809F澳..[停售]	中国银行	2008-09-09	2009-09-14	澳元	12.00	其他	9.00	9.00
步步为盈1[停售]	东亚银行	2010-05-14	2012-05-23	人民币	24.00	结构型	——	9.00
东亚步步为盈2..[停售]	东亚银行	2010-07-12	2012-07-13	人民币	24.00	结构型	——	9.00
新股申购2007年..[停售]	工商银行	2007-11-20	2008-02-21	人民币	3.00	打新股	10.00	8.94
非凡财富外汇080..[停售]	民生银行	2008-04-27	2008-10-29	澳元	6.00	——	8.80	8.80

数据来源：http://data.bank.hexun.com/lccp/AllLccp.aspx?col=fld_tureyield&tag=desc&orderMarks=0,0,0,0,0,